JN250593

実は、江戸時代まで続いていた日本人の姿勢や歩き方、呼吸などは、マノスベを行う方法としてみれば完成されていたのです。したがって、これらを正しく実行すれば魂合氣の神業も完成させることができます。日本人の姿勢は、精妙なもの作りに適していますが、それは神業の働きを身に付けた匠（たくみ）の技だったのです。魂合氣も精妙なもの作りのあり方と同じ道を歩みます。

マノスベは、本書で練習していただくことができます。「姿勢はこれで良いのかな」と、心配されることもありません。日本語の47音を昔の発音で発声すると、姿勢を補（おぎな）って、なお余りある働きが生まれます。言魂（ことだま）にこれほどの働きがあるとは驚きました。古代の日本人の姿勢と心の文化は、この言魂によって完成されたと考えても間違いないと思います。

今の姿勢が昔と違っていたなどとは、考えもしないことと思いますが、今の姿勢は外国から入ってきたものです。しかしこれは、戦争の歴史を繰り返す中ででき上がった、戦いに適した姿勢であり、動き方なのです。戦いから生まれた姿勢や体の使い方からは、物事の本質は生まれません。

片や、日本は命を大切にする文化でした。けれども、その中から生まれた姿勢や歩き、呼吸などは、その優れた本質を理解されぬまま、今や消滅寸前です。

現代の日本は外国文化が浸透していますが、そこには、便利な外国文化を取り入れたいという思いが根底にあるようです。ここに記したことは、それとは異なることが多々あります。それは、外国文化で考えるか、古来の日本文化で考えるかの違いによるのです。それを素直に受け入れていただけることが理解と上達の前提になります。

「理解できない」と手放してしまうのは、もったいないと思います。日本文化の本質を理解ではなく、体で感じて身に付けていただきたいのです。

時代の流れでしょうか、魂合氣やカタカムナを本質と捉えて、「これを求めていました」と、心から喜んでいただける方も多くなりました。

カタカムナはカタカムナに留まらず、また魂合氣は魂合氣に留まらず、いかなる人々にも益をもたらすものだと思います。

この素晴らしい奥義を、ご縁のあった皆様に、まずはマスターしていただきたいという願いがモチベーションとなり、本書ができ上がりました。ありがとうございました。

空の巻

地の巻

人が本来持っている
体のありように立ち返る

七歳の女子がなぜ、大人を転がすことができたのか

ある日、父母に連れられて七歳の女子、羽音（はお）ちゃんが道場にこられました。その日は、初心者のために色々な術を体験していただきましたが、羽音ちゃんは、私の動作を見ていただけで、それらの術がすぐにできました。

その中の一つが次のような術です。

取り（術をかける方）が両腕を前に出します。受け（攻撃する方）は歩いてきてその両腕を掴みます。

取りは両腕を、ぶらんと左へ（あるいは右へ）回し、受けは取りの後方へ転がります。

これを羽音ちゃんは熱心に見ていたので、「やってみる?」と聞くとうなずきました。

手始めに私がまず数歩歩いて羽音ちゃんの腕を掴みました。腕はぶらんと左へ回され、私の体はスーッと吸い込まれるように羽音ちゃんの後方に転がされました。

羽音ちゃんの一連の動きには力が入っていないので、筋力ではなく、吸い込まれる感じで運ばれますが、この感じが魂合氣なのです。他の大人たちも羽音ちゃんの腕を掴みにいっては見事に転がされました。

羽音ちゃんの良さは、立っている体が前後左右にブレないことと体の柔らかさです。同じくらいの年の女子と比べても希な柔らかさかと思います。それと無邪氣さです。

羽音ちゃんの柔らかさを見ていて老子の言葉を思い出しました。

「しなやかなものが強いものに勝ち、柔らかいものが剛いものに勝つことは、世の中で誰も知らぬ者がないのに、だれも実行しうる者がない」

（弱之勝強　柔之勝剛　天下莫不知　莫能行）

けれども、ここに実行しうる者がいました！　羽音ちゃんは説明をなまじっか聞かなくても、見ているだけでできました。大人が失ってしまったこの柔らかさこそ、羽音ちゃんの術が効く要素です。

老子の言葉をお借りしました。けれども、「しなやかなものが強いものに勝つ」といった武術的なノウハウをお伝えするのが目的ではありません。それを超えた次元ではどうなるのか、これこそが、マノスベであり神業の不思議です。このことをお伝えして、皆様に身に付けていただくことが本書の目的なのです。

心を持っている細胞をいじめないこと

大人になると、次第に柔らかくて力みのない動きができなくなります。それが失われる原因は、スポーツで積み重ねるトレーニングや間違った筋肉の付け方、不用意な（丁寧さに欠く）体の使い方にあります。

これに関しては、幕末の剣術家、直心影流の男谷信友（通称、精一郎）の言を思い出します。**「後来習態の容形を除き本来清妙の恒体に復す」**です。

人生の過程で習い覚えた、姿勢や動きの癖を取り除けば、人が本来持っている清妙な体のありように回復するというのです。直心影流という名からは、「直（素直）な心」をもって進退すると、影（神）のご加護がある、そんな悟りを感じます。これはマノスベの本質を悟ったものです。

この時代になると、渡来人によってもたらされた、外国（東洋）の姿勢や動きもまた普及していたようです。ピンとこないでしょうが、スポーツも戦いに適した動きですから、自然な動きではありません。スポーツに欠かせない反復練習は、細胞に対して動きを無理強いするものです。その癖を取って、細胞が働きやすい状態を作ることで、今までと違った柔らかな動きと筋肉、体の感受性を取り戻すことができます。

スポーツ根性、略してスポコンのアニメはたくさんありますが、どれもスポーツの本質を捉えています。スポコンアニメの根幹、それは体を極限までいじめ抜くことです。

筋肉トレーニングを繰り返すことや、それによって勝ち進むストーリーは、見る者に興奮と感動を与えます。けれども、筋トレは一部の細胞をいじめ抜くことにもなります。なぜなら、細胞にも心があるからです。つまり、細胞を奴隷扱いしているともいえます。

筋トレで失われるものがあります。それは細胞の心であり体の感受性です。辛苦に耐えるには、感受性をなくさなければなりません。これは命を大切にしていないことです。

スポーツ的な動きの特徴は、動き出すときに力みが出る、動きに加速度が伴う、必要以上の力を使う、掌（てのひら）を張ったり握（にぎ）ったり、体をゆらしたり、溜（ため）を作ったりと普段の生活からみると不必要な動きが多いことです。

ウオーキングなどの歩きや、諸体操、トレーニングマシン等の反復練習にも、感受性を磨く訓練が含まれません。むしろ、感受性が失われてしまうのが実情です。そのため、体で感受しないまま不用意に動く癖もついてしまいます。

イメージに沿った精巧な手の運び

古今より優れた業を持つ名工、匠（たくみ）は数多くいますが、匠は物を作るときにでき上がりがはっきりとイメージできて、それに適（かな）うように手や体を使いこなすことができました。魂合氣の場合もこれと同じです。具体的に説明しましょう。

受けに両腕を下げてしっかりと立ってもらいます。できれば、マノスベの姿勢（36頁）で

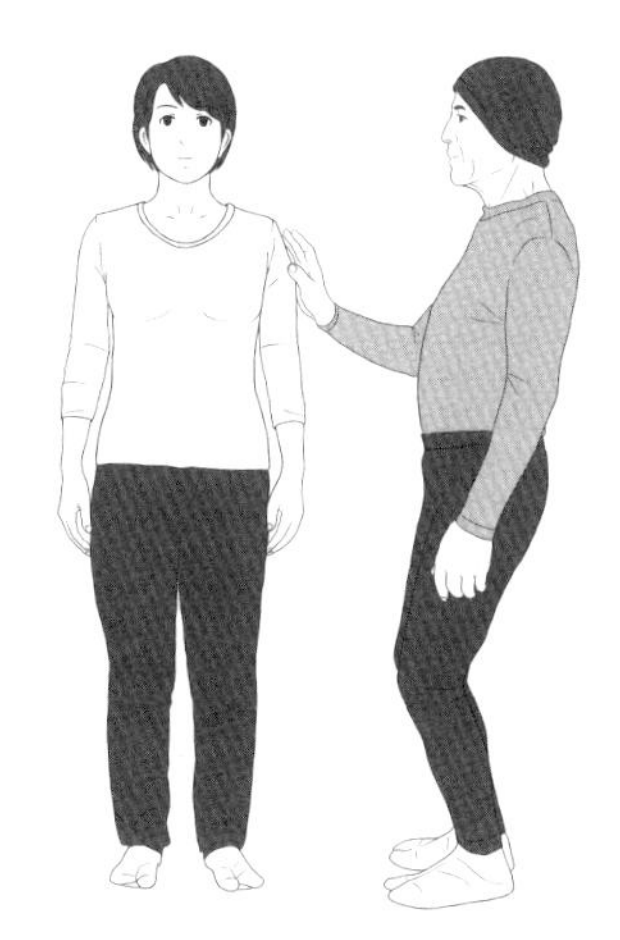

側面から腕を押して、相手の体を動かす。力で押すのは大変である。

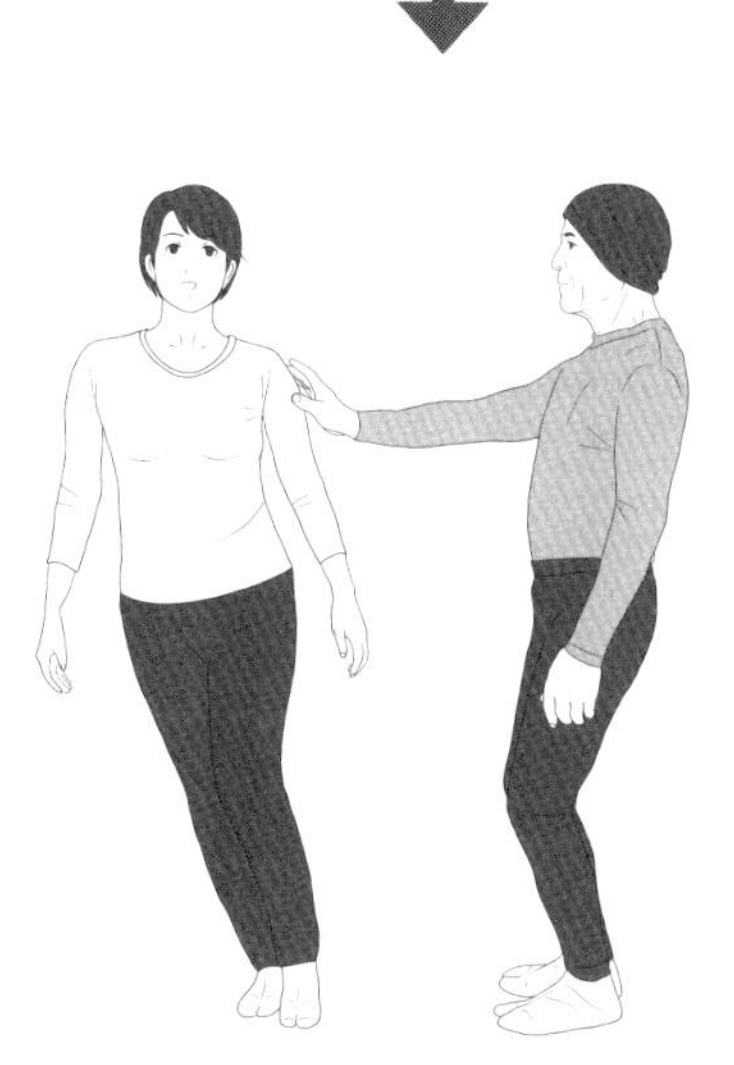

そっと触れ、力まずに方向を定めて押すと、相手を簡単に動かせる。

立っていただくと、芯がしっかりとした立ち方になります。

取り（術を試す人）は受けの側面に立って、受けの二の腕の中ほどを真っ直ぐに、受けのもう一方の二の腕方向に向かって押します。力で押すと、受けを動かすのは大変です。

そこで、取りは受けの二の腕から棒が水平に体を突き抜けて、反対側の二の腕から出ているとイメージします。そして、自分の掌（手首に近いふっくらした辺り）を、イメージした棒の先端で止めます。いきなり触れてはいけません。しっかりその箇所に氣持ちを集中させてから、棒の先を押すようにスーッと手を伸ばすと、力で押す感覚ではなく受けは動きます。


動かそうとする方向がイメージできていることと、腕の間近で手を止めたことで受けの細胞に優しさと一意を伝えることができたのです。

触れる際に注意することは、体を前傾させない、腕に二度触れしない、触れてからは接点をずらさない、腕の力を抜ききっておくことなど、繊細なコントロールが必要ですが、力で押す感覚が全くなく受けが動くことに驚かれると思います。

心のあり方は、動かそうという能動的な氣持ちではなく、ゆとりのある心で優しさを持って精妙に行うことです。

▼カタカムナの言葉

マノスベ

マとは空間や時の占める間のこと、スベとは術の意味。マノスベは生命を生かす手段です。体で感受して、それに従った自然な動きのことです。自然さとはアワ性（感受性）であり、日本人はそのカタカムナ文化の伝統を受け継いできました。

人のあるべき姿は、アワ性を向上させること。これをせずに、好みのままに判断し行動しているのは、マノスベではなく、我執、欲望、迷妄の世界になります。姿勢、動き、呼吸、心が自然に適うマノスベであれば、オホ（我々を生かしてくれている見えないもの）との共振波動を持つことになります。

感受して動くこととは

マノスベとは「体で感受して、それに従った自然な動きといとなみ」ですが、では感受してそれに従う自然な動きとはどんなことでしょうか。おおまかに知っておきましょう。

受けは椅子に腰掛けます。取りは立って両掌を低く差し出します。受けはその掌の上に両掌を乗せます。取りは掌の接触面をしっかりと感受してから後ろへ下がります。指で引っかけたり、強く押しつけたりしなくても、掌の接触のみで、離れずに付いてきますから、受けの腰が浮いたところで手を差し上げると、受けは立ち上がります。

次は、正座でもあぐらでも構いませんが、向き合って座ります。取りは前傾しないように座ります。お互いに人差し指同士を合わせます。あるいは小指を絡ませます。取りは合わせた指先をしっかり感じてから手を掌側に動かします。このとき体を回さないように、胸の中心を横にずらさないように注意して、手を肩から動かします。途中で力みを感じたら、そこ

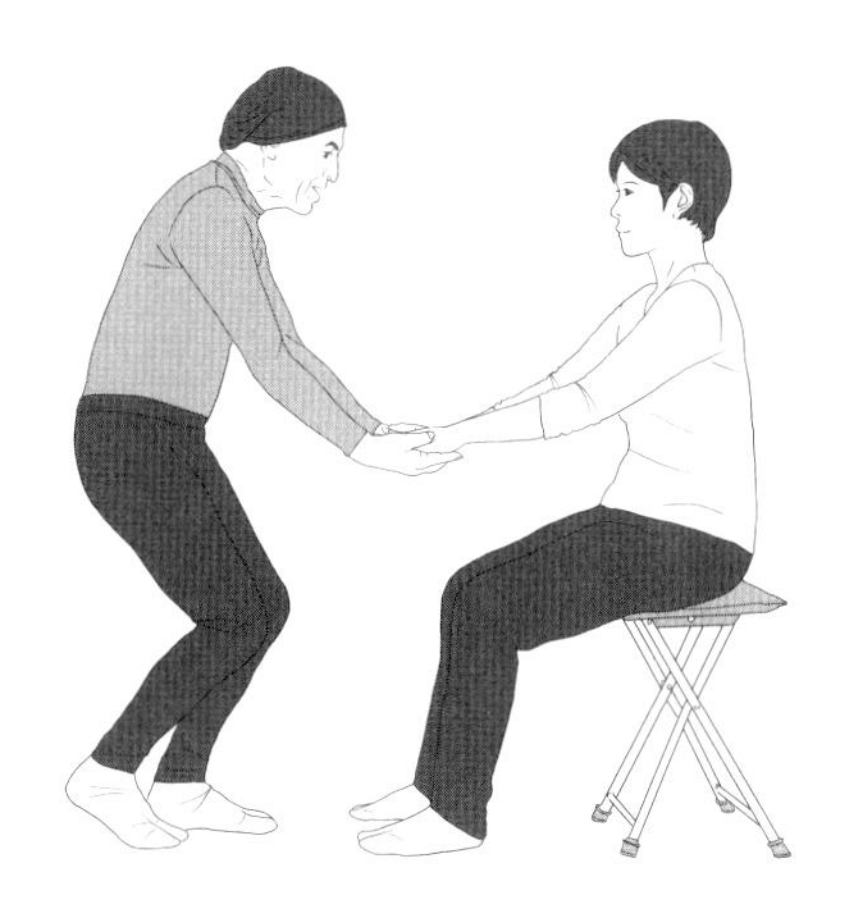

取り（左側）の両掌の上に、椅子に座った受けの両掌を乗せる。

↓

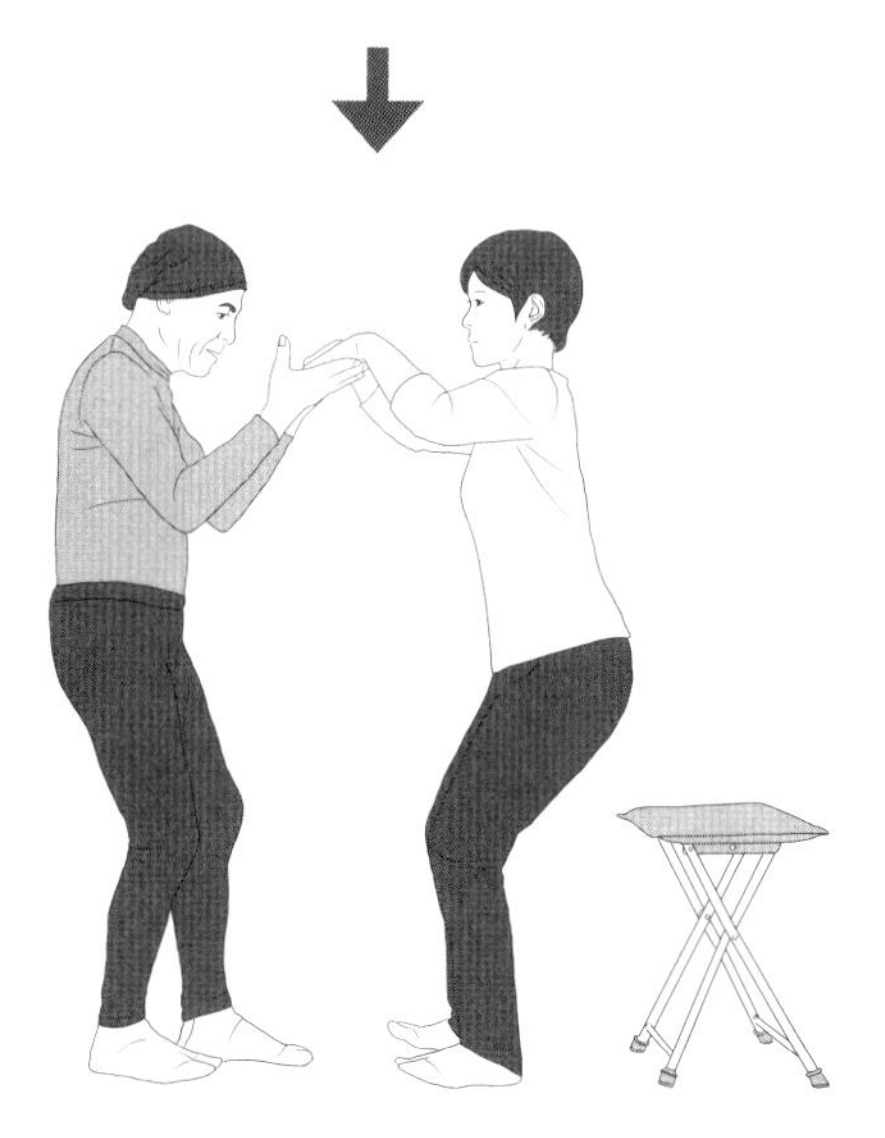

取りが後ろへ下がると、両掌の接触のみで受けが付いてきて、差し上げると立ち上がる。

向かい合って座り、お互いの左手の
人差し指同士を合わせる。

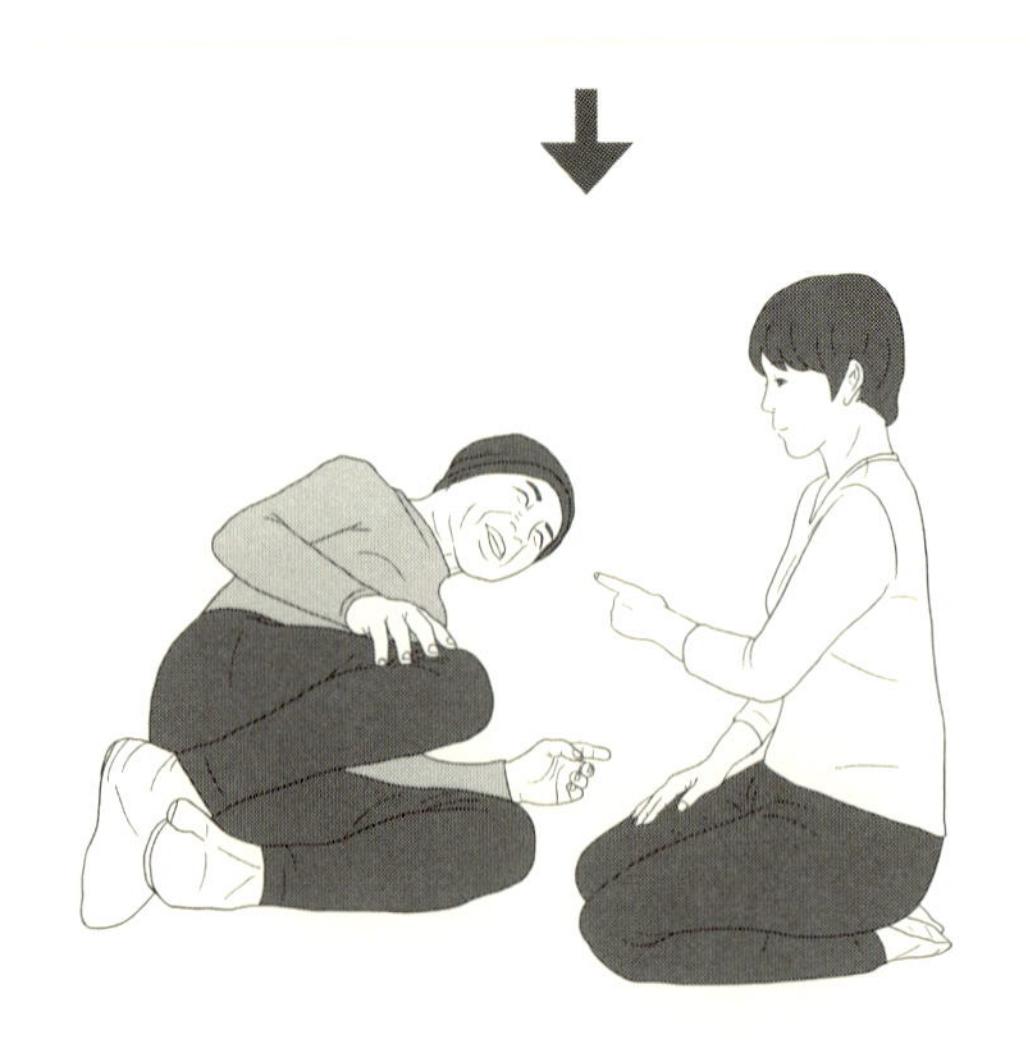

取り（右側）が、指先を感じながら
力まずに肩から手を右へ動かすと、
受けが転がる。

でほんの少し静止して、また動かします。すると受けは横に倒れてしまいます。

指が触れていることを単に感じるのではなく、しっかりと、体温、柔らかさ、力の方向などいろいろ感じ取ることです。

初めてでもできる人が多いので、ご紹介しました。

細胞が協調して事に当たる動き

丁寧にモノを扱うときは、優しさ、楽しさ、心地良さといった意識と共に、等速度かつ必要最小限の力で、適切な軌跡を描いて動きます。

このとき、体の各細胞は為すべきことが分かっていて、最適にやりとげようと協調して事に当たっているようです。これが「細胞が協調して事に当たる動き」です。

そこで、手（掌）を直線に動かすイメージで実際に動かしたときに、どの程度できるものか試してみましょう。

取りは直径2～3センチメートル、長さ2メートルほどの丸棒を左手で水平に持ち、右手は人差し指と親指で丸棒を包みます。

受けはその右腕を掴みます。取りは右手を棒に沿って引くと、受けをたやすく引くことができます。

では、棒を外して同じように引いてみましょう。今度はたやすくは動かないでしょう。棒に沿わせて手を動かすときは、動く方向に意識がまとまります。力の加減も、動く速さも自ずと定まります。ところが棒がないと、普段の動かし方の癖で、なかなか真っ直ぐには動けません。動かす方向や角度、力の加減や意識の集中度も甘くなるからです。

真っ直ぐに動かすという目的（一意）が細胞に分かってもらえれば、手は真っ直ぐに動きます。

次は、取りは丸棒を立て、その丸棒を右手人差し指と親指で包みます。

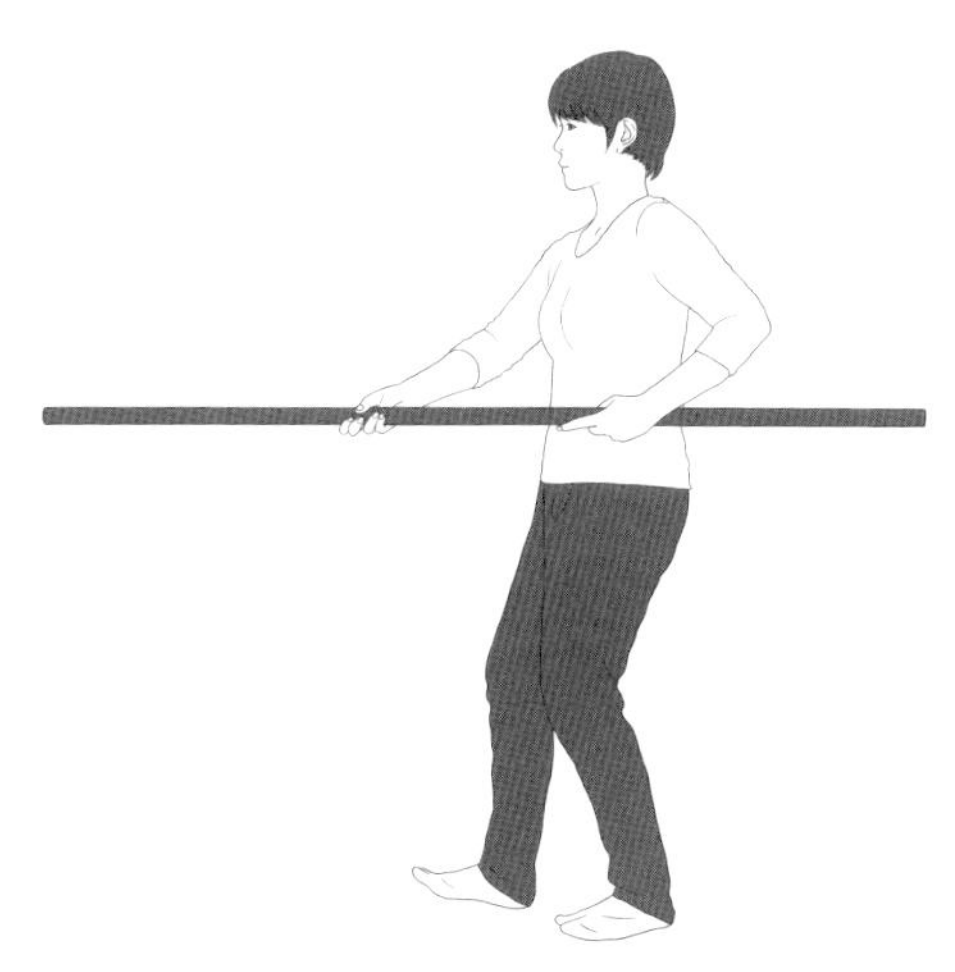

両手で丸棒を前後方向に水平に持つ。

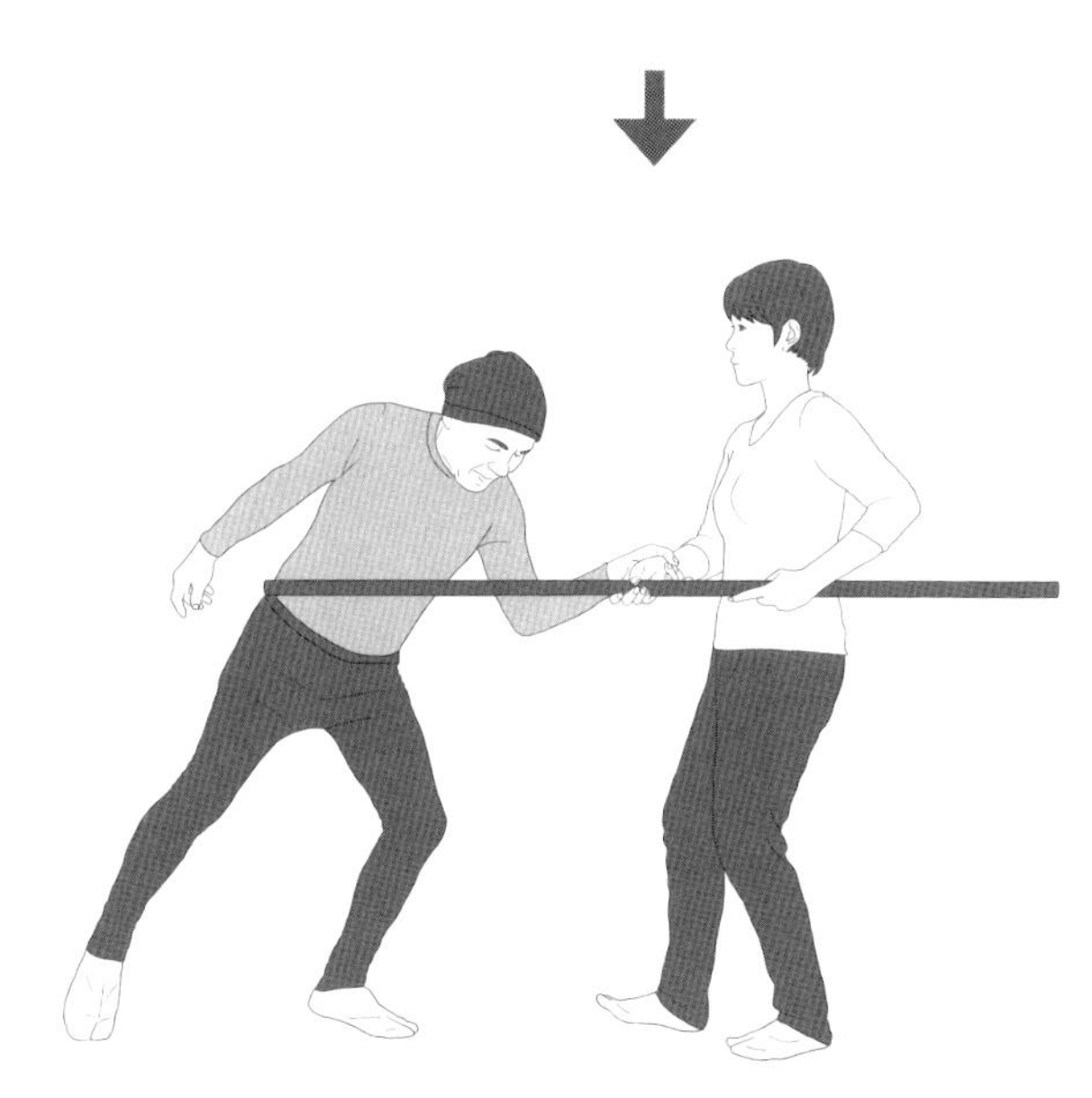

棒を持つ右腕を掴まれても、棒に沿って右手を引くと、簡単に引ける。

受けは、取りの右手を左手で掴みます。

取りは、掴まれたまま右手を棒に沿って下げてみましょう。手だけでは、これ以上下がらなくなったら、体を下げます。すると受けの手や体は抵抗なく下がります。転がることもあります。


では、棒を外して同じようにしてみましょう。途端に受けの手を下げることも、転がすことも難しくなります。手を垂直に下ろすコントロールができていないからです。

今までの不用意に手を動かす癖では、関節を中心とした弧を描く動きになってしまいます。自然にそう動くのだから、これが自然と思われるかもしれませんが、実は細胞がやるべきことを分かっていないのです。垂直に手を下ろす意識が細胞に伝われば、つまり細胞と意識を通（かよ）わすことができれば細胞同士が連携して働いてくれます。

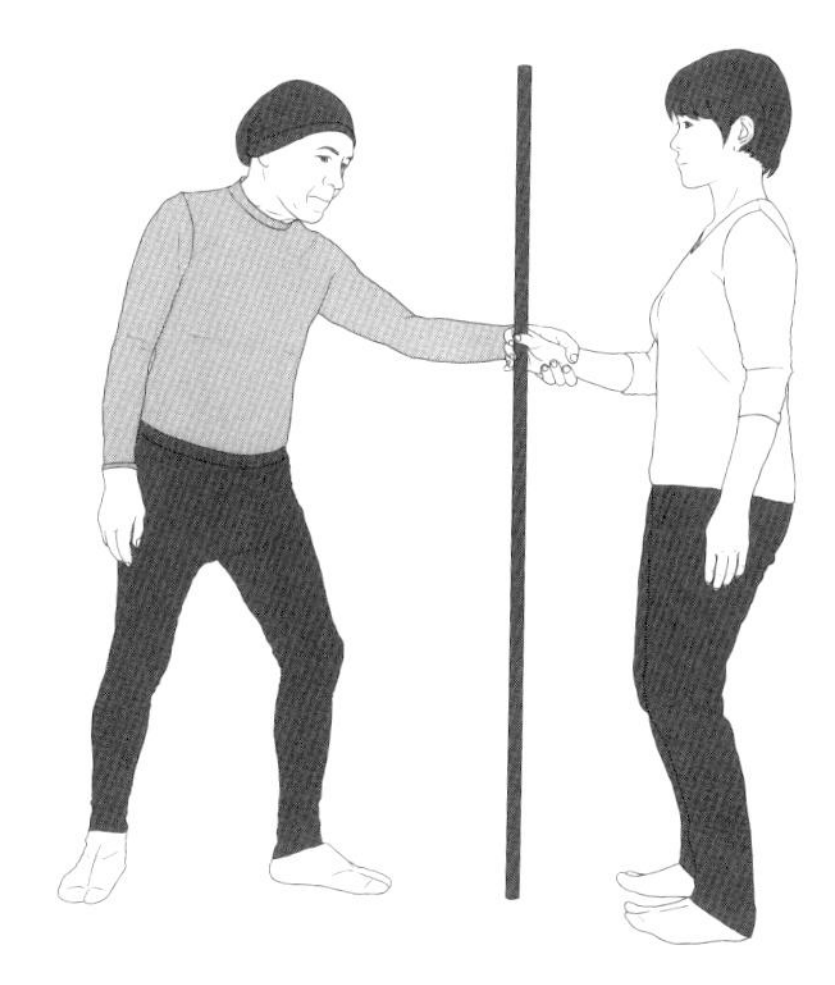

取り（右側）は丸棒を立て、右手で
軽く持つ。受けはその手を掴む。

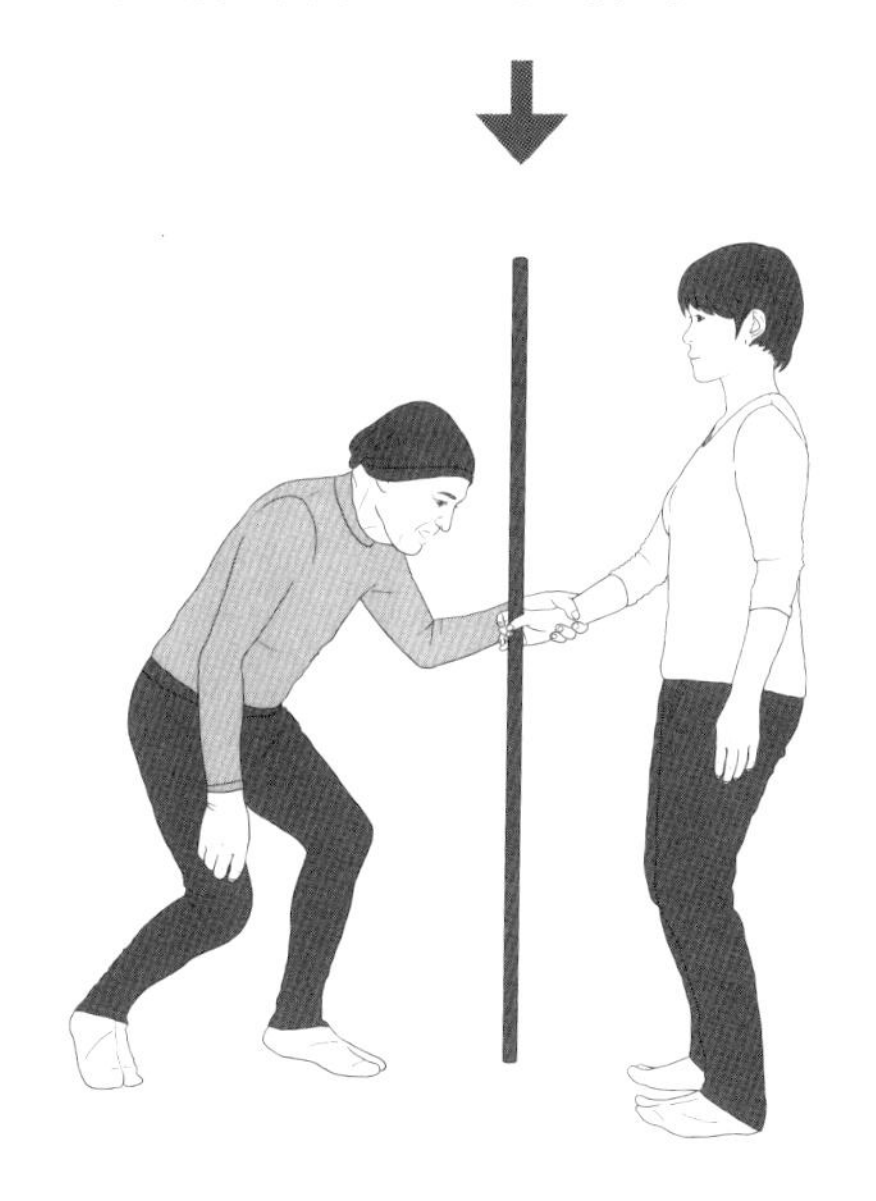

取りが掴まれた右手を棒に沿って下
げると、受けは下に崩されてしまう。

前傾する癖と腰から動く癖は大きな力みになる

魂合氣で取りの稽古中、初心者の多くは、受けが近づいたときに「さあ！」という氣持ちで自ずと体を前傾させてしまう癖がありますが、そのことに氣がついていません。ほんの1～2センチメートルの前傾でも力みとなり、また能動的な氣持ちは受けの細胞にも伝わるので術が効かなくなります。

動き出すときに腰を動かしてしまう人も多くいます。しかし、腰を不用意に動かすと大きな力みになります。細胞が協調して事に当たるところを、邪魔することになるのです。

そこで、手や足を動かすときには、腰を動かさないことが基本になります。例えば最初に足を運び、その後に腰が動くというように、二箇所以上を同時に動かさないことが魂合氣の基本になります。

風帆の歩き（１０５頁）であれば、鼠径部で曲げて足をまず運び、踵が着地して、足が斜めから垂直に移行するその足に乗って、腰が動きますから、動き始めには腰を動かしません。腕を動かすときも、胸の中心を左右にずらさないように動かします（１００頁）。胸の中央が数センチ左右に動いても、それは力みとなり、腕の働きを邪魔することになります。また、歩くときには上体を前傾させない、左右に傾けない、頭を上下させないこと。これも力みをなくすことです。体をスムーズに運ぶために、細胞が協力しあった動きになります。これがマノスベの動きです。このような動作は、普通の歩き方では無理です。戦うための姿勢では、なおさら本質は生まれません。そこで風帆（ふうはん）の歩き（ある）が必要になるのです。

このように、無駄な力みや動きをなくした仕草の中から統一感が出てきます。統一感とは、オホの共振波動を受発信して（69頁）細胞が協調している状態のことです。これが魂合氣術の上達の目標になります。

ちなみに、座って行う術の場合、腰を入れて顎（あご）を引いた一般的な座り方ではそもそも体が緊張し、統一感は生まれません。マノスベで立ったときの姿勢を保って座り、さらに仙骨を後方に押し出して、尾骨（しっぽ）を地面に突き刺すようなイメージで座ります。胸を上げて顎も上げ氣味にします。そして胸の中心を動かさずに腕だけを力みなく動かすことで、様々な術ができるようになるのです。

むすびの方法

むすびは、受けの細胞と氣持ちを通わす一つの方法で、魂合氣の術に欠かすことのできないものです。初めのうちは、離れて立っている受けの胸を見て、和やかな氣持ちで「むすんだ」と思います。受けに関心を示すことでむすびができます。無関心では結べません。

人の中心は胸です。ムネは、ム＝六方に（前後、左右、上下の方向）、ネ＝粘り広がる、根のごとくに広がるという意味があります。そこでムネは現象でも潜象でも中心ということになります。中心を意識すると、物でも動かしやすくなります。

次の方法もお勧めします。

まずは皮膚感覚で周りの空間を感じ、周りと和（なご）やかにむすんで、一種の統一感で立っています。すると1〜3メートルの範囲内で、受けとも複数の人ともむすびができます。

ただし、腕を掴まれた瞬間に手首や指、掌等を反射的に動かしてしまうと統一感が分散してしまい、むすびが切れてしまうことにもなります。そこで、0・2秒ほど静止して、受けの掌を感受します。これはむすび直しです。それから手を動かせば、力の感覚ではなく受けを動かすことができます。

「掌を動かさない」といった意識を持っていると、反射的に動くことがなくなります。

▼カタカムナの言葉

アマ

アマはあらゆるマの意味ですが、アマには 容れ物と中身の二つの意味があります。容れ物としては、全宇宙のことをアマ、あるいはタカマといいます。中身の意味としては、あまねく満ちて、マを構成する始元量ということでアマといいます。あるいは、あらゆるモノの始まり（芽）という意味でアメともいいます。万象を形成して、またアマ、アメに還っていく循環を超高速で繰り返しています。

カム

　アマを包み込むように存在していて、マを構成する始元量、アマを生み出している無限界のこと。アマが万象に変遷していくのは、カムのチカラがアマナ（物質を作り上げる核的存在）を通して重合しているからです。

カムミ

　カムから生み出される代謝物。極微粒子。
「カムミ　カシコミ　アガメアフ」……カムミを畏敬し、崇め尊ぶこと。
「カムミ　イヤマヒ　イツキノリ」……カムミを尊重してカムミの吸着を祈ること。

ミソギ

　カムウツシ・アマウツシを豊富にしてカムミを体に吸着させることであり、それによって、身内（内実のミ）の密度は濃縮され、外見はソゲタ形になること。引き締まった感じでしょうか。ソギとは「カムミがソに粒子として発生すること」。ソとは、ソコ、ソレを示します。

アマココロ（マノココロ）

アマが密になった小さなかたまりのこと。そのアマツマリ（たくさんの粒子）は、全てがアマの根であり、アマの心とアマの命を持っています。したがって人の心はもちろん、万象万物は全てアマココロと一緒なのです。

アマウツシ

上古代人はアマウツシの感受を最高の幸せとし、アマをこの上なく畏れ、そして慕い、アマココロを身内に感じていました。現代人は、静かに安らかにアマココロを素直に感じようとする態度をなくし、体内に入り込んでいるアマココロの働きと、実感を失ってしまいました。アマウツシが豊富であれば、心情を和らげ、心身を活性にし、インスピレーションや発見を生み、思考を進めます。病氣はアマウツシの欠如が因であり、自然治癒はアマウツシを豊かにすることが因になります。

水の巻

マノスベの姿勢とは

浮世絵に見る昔の日本人の理想的な姿勢

次頁の絵をご覧ください。両方とも安藤広重（あんどうひろしげ）の『東海道五十三次』の一部ですが、当時の姿勢は今とはかなり違い腰が下りています。特に上段の絵、左端の男性は特徴的です。仮にこの男性を太郎さんとします。

当時の人たちは太郎さんの姿勢を見ても不自然とは感じなかったでしょう。今の画家はこんな姿勢を描きませんから「よくぞ描いてくれたな」と思います。このように腰が下りた姿勢が、身軽に動く上でなによりも大切な基本です。この姿勢で踵に重心が掛かり、力みなく立てれば魂合氣も達人です。カムウツシ・アマウツシが盛んになる姿勢ですので、これからはこれを**「マノスベの姿勢」**と呼ばせていただきます。この姿勢の作り方と、特徴や利点を記します。

ちなみに下の写真は、数年前にあるうなぎ

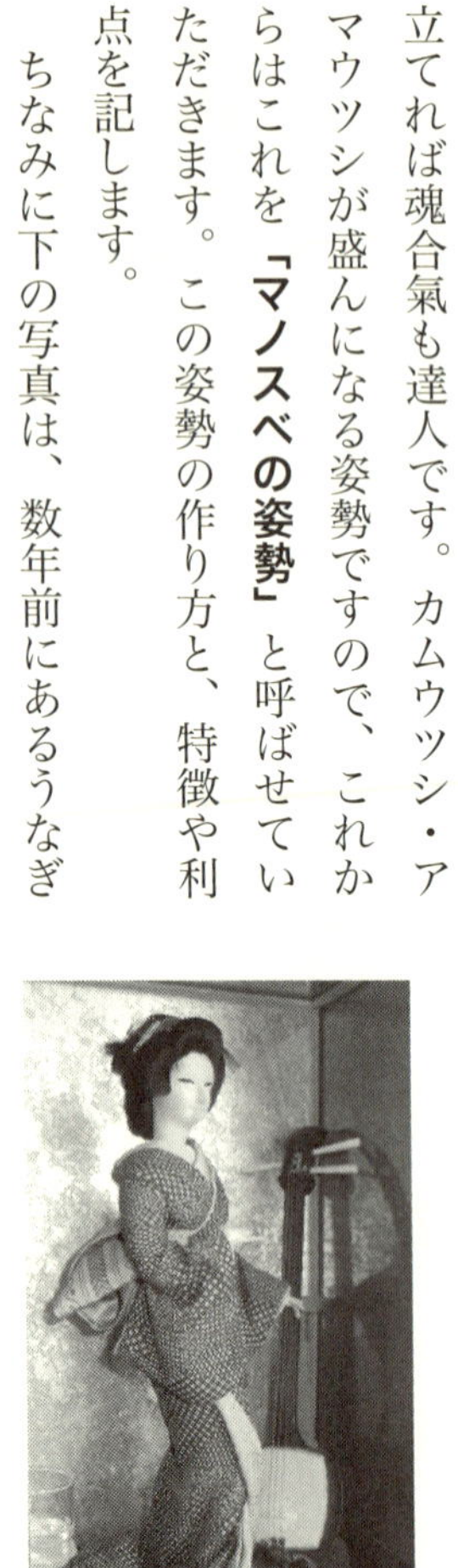

日本人形に見るマノスベの姿勢

東海道五十三次「藤沢・遊行寺」の一部

「原・朝の富士」の一部

料理店に飾られていた日本人形ですが、その姿勢が素晴らしいので写真に撮らせていただいたものです。

マノスベの姿勢の作り方

現代の暮らしでは、胸部が下がり肩は前方に寄って、頭（こうべ）を前に突き出した俗（ぞく）に言う猫背の姿勢が多くとられています。これとはあべこべのマノスベの姿勢を作ります。

立って、掌で胸を押さえて胸を引き上げます。押さえて持ち上げると、肩が後ろにいき肩甲骨が寄って下がります。首が真っ直ぐに立ちます。手を使わずに上げようとしても胸は上がりません。また、胸を開いて肩甲骨を寄せるのも違います。胸を横に張ると胸が力んでしまいます。

こうして肩甲骨が下がると、腰の辺りが窮屈（きゅうくつ）に感じます。そこで、掌で仙骨に触れて腰を引き下げます。すると骨盤が後傾（こうけい）（後方回旋（こうほうかいせん））し、鼠径部（そけいぶ）で折れて腰の下りた姿勢になります。

次に、指先を揃えて鼠径部を押して緩めます。上体が垂直のまま後方へ少し移動し踵に重心が移り、足先が少し浮き、踵だけで立ちます。こうして立つと、ふらふらします。中心軸に沿って小さく回ることもあります。体に沿って氣が渦巻いているからですが、これが図らずも「感受してそれに従う自然ないとなみ」になります。

マノスベの姿勢も、密息（48頁）が伴わなければ画竜点睛（がりょうてんせい）を欠くことになります。そこで、吸った息は背骨を通して仙骨に下ろし、仙骨を膨らませます。

ちなみに、胸を引き上げておくと、呼吸の際に肋骨（ろっこつ）が前後に波打ちません。すると、

両手の指先で鼠径部を押して緩め、腰が下りる。

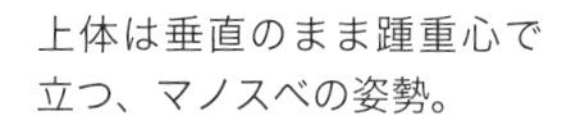

上体は垂直のまま踵重心で立つ、マノスベの姿勢。

登り坂でも息があがり難いことに氣がつきます。

また、胸を手で引き上げると肩が上体から分離します。つまり肩が独立します。すると、上体を動かさずに腕だけを動かせるようになります。時代劇では、剣や十手を持ちいざ戦うときの正装も、昔の女性が仕事をするときもたすき姿でした。たすきはこの胸を引き上げて肩甲骨を寄せた姿勢を保つためなのです。さらには仙骨呼吸がしやすくなります。

マノスベの姿勢には、次のような利点があります。

◆呼吸が深く楽になる。

◆上体の力みが消える。

◆前や横から押されても、体の軸がしっかりしている。

◆体が前傾しにくい。

◆心が穏やかになり、雑念が出にくく、無心になりやすい。自ずと楽しい氣持ちが湧き出てくる。このような状態と共に、オホとの共振波動が生まれる。

◆氣が満ちるので、氣で受けを動かすことができる。

肩甲骨の下側を寄せることが極意

マノスベの姿勢は**『五輪書』**を参考書にしています。宮本武蔵は、細かく要所を書き残してくれましたので、こうして再現できることは本当に有り難いです。

五輪書には**「すこしおとがい（下顎）を出す心なり。首はうしろのすじを直に、うなじに力をいれて、肩より総身はひとしく覚え、両の肩をさげ、背筋を陸（ろく）に、尻を出さず、膝より足先まで力を入れて、腰のかがまざるように腹をはり云々」**とあります。これが完全脱力の姿勢です。

腹を張るとは、引き上げることです。胸に掌を当てて引き上げる方法を記しましたが、息をフーと少し吐きながら肩甲骨の下部を寄せます。すると背中も肩甲骨もずるりと下がります。すると自ずと胸も腹も引き上がり顎も上がります。

顎を少し後方に引いて、首の後ろの筋（すじ）を立てますが「うなじに力をいれて」とありますから、ここに力が入るのは問題ありません。

「肩より総身はひとしく覚え」とは、どこにも緊張がないことをいいます。単に「脱力しましょう」というよりも的確な表現には感心させられます。

マトマリイノチ　ココロワケ

肩を十分に落として肩甲骨の下側を寄せて背中をずるりと下げ、骨盤を後傾させ鼠径部を緩めてマノスベの姿勢で立ったときには、この腕は十分に脱力できています。脱力していますから腕は早く動かせないでしょうが、しかし体を動かさずに腕だけを動かせるようになります。これは腕に仕事を任せるには大切なことです。

カタカムナに「マトマリイノチ　ココロワケ」という言葉があります。これは、形としてマトマリのあるものは、それぞれにイノチがあり、そのマトマリとしてのココロもあるということです。例えば細胞もマトマリイノチの一つであって、ココロワケ（その細胞の働きに対応する心）があります。

腕にも腕としてのマトマリイノチがあり、ココロワケがあります。そこで腕のココロワケを信頼して腕に働きを任せるためには、腕のみを動かすようにして腰や上体の筋肉を使わないようにすることが良いのです。これは、腕のココロワケを信頼して腕に任せることになるのです。

実は、このことは『弓と禅』に書かれていることと、全く同じなのです。『弓と禅』は、オイゲン・ヘリゲルというドイツ人が大正時代に阿波研造師範から弓術を習ったときのことを書いたものです。この中で師範は弓を射るときの要点をヘリゲルにこう教えています。

「弓を射ることは、筋肉を強めるのではないことに注意してください。弓の弦を引っ張るのに、全身の力を働かせてはなりません。そうではなくて、両手だけにその仕事を任せ、他方腕と肩の筋肉はどこまでも力を抜いて、まるで関わりのないように、じっと見ているのだということを学ばなければなりません。これができて、初めてあなたは、引き絞って射ることが精神的になるための条件の一つを満たすことになるのです。」（40頁）。

素晴らしい教えですが、なかでも「両手だけに仕事をまかせ」と「腕と肩の筋肉はどこまでも力を抜いて」は、魂合氣でも全くこの通りのことをしているのです。

腕に仕事を任せるときは、「信頼して任せるからね」といった氣持ちと共に、それを実行することです。それには他の箇所の力を働かせてはなりません。信頼していないことになるからです。そして、両腕の力を全く緩めたまま腕を動かします。中途半端な脱力ではないのです。「じっと見ているのだ」というのは、「やってやろうといった能動的な氣持ちを出さないこと」「考えないこと」、そして、腕を感じていること、これは腕に氣を通わせていることです。すると、「精神的な力で」と阿波師範が表した力で動かすことができるのです。つまり筋力とは違った別の力があり、その力を出す方法を私たちは学んでいるのです。

鼠径部を緩めると全身が緩む

現代人の歩きや姿勢は、腰を反らせ地面を蹴って歩くため、鼠径部を張り、固くさせます。鼠径部が固いまま腰を下ろそうとすると、鼠径部で曲がらずに膝で曲がり、膝がつま先よりも前に出ます。すると膝で重さを受けることになり、大腿部の前側の筋肉が張って痛くなりがちです。一方、マノスベの姿勢は鼠径部が緩んで踵重心の立ち方になっていますから、上体も腕も緩みます。

現代人の立ち方は、意識せずとも両足で踏ん張って立ちますから、踵立ちは倒れそうで怖いと感じ、腰で踏ん張ってしまう人もいます。しかし、大切なのは腰を抜くことです。腰を抜いて立てると「こんなに楽に立てるものなのか」と分かります。すると傍からは爽やかに見えます。なぜ楽に立てて動けるのかというと、それはカムウツシ・アマウツシ（64頁）が豊富になるからです。このような立ち方が生まれたのは、日本人が感受性の優れた民族だったからです。この姿勢は「鼠径部を緩ませて、仙骨を大切に、そして命を大切にするためであった」と考えれば、今の人からみれば不思議なこの立ち方も納得できます。

腰が抜けた感覚を身に付ける

体の中でも一番力む箇所は腰ですから、腰の力みは完全に抜きます。これを「腰を抜いて」

といいますが、腰が抜けると、力みなく立っていられます。力みがないと側面から押してみれば分かりますが、しっかりと立てます。これは豊富なカムウッシ量の働きにより正中線ができるからです。

一方、姿勢ができたように見えても、腰は力んだままという例も多くあります。腰の抜けない理由として、腰が抜けた感覚が分からないことと、今まで習ってきた正しい立ち方の意識を変えられないことがあります。

諸先生から「腰を入れて、溜めを作って、丹田に力を入れて、肛門を引き上げて、腹圧を掛けて、足幅を広げて、つま先で地面を掴むように」など色々と教わるかと思いますが、これらは全て力みの入る立ち方になります。

腰が抜けたときに「ああこれで腰の抜けた感覚が分かりました」と、何人かに言っていただけたのは、ふくらはぎに力を入れて立てたときでした。これは、肩甲骨の下側を寄せて肩甲骨がずるりと下がったときです。こうしたときに、膝や太腿ではなく、ふくらはぎに力が入ります。このとき腰が抜けた立ち方ができています。

踵で立つと腕が柔らかくなることを試してみましょう。

まずは、つま先を床に着けた姿勢で立ち、力を入れずに両腕を後方に上げて、どこまで楽に上げられるか見ておきます。次に踵立ちをして、両腕を後方に上げてみましょう。ずいぶんと高く楽に上がるでしょう。

今度は、つま先を床に着けた姿勢で立ち、両腕を差し出します。受けがその腕を握って、その固さを感じます。次に踵立ちして、両腕を差し出し、受けはその腕を握ってみます。明らかに腕が柔らかいと感じられるでしょう。

こうして柔らかくなるのは、カムウツシ・アマウツシが増して、一時若返ったのです。この状態を合氣モードといいます。魂合氣の術が効くには、このような合氣モードになっていることが大切です。

魂合氣では踵重心で移動しますが、このときになぜか昔の3拍子、6拍子の曲、「北上夜曲」「北帰行」「芭蕉布」「みかんの花咲く丘」といった、ゆっくりした曲の流れに乗って、舞うようにして動いても合氣モードは深まり、自在に業が効くようになります。

大切な足の開き

立ったときに足の開き方は非常に大切です。基本は腰幅ですが、開き方がほんの少しでも違うとマノスベは消えてしまいます。自分の腰幅に合った開き方をぜひ身に付けてください。では、正しい足の開き方を知るためにも、足幅を変えて立ち、その違いを感じてみましょう。まず、両足を揃えて立つと、体は前傾し、体重も足先に移る傾向にある方が多く見受けられます。

次に、足幅を横に大きく広げて立ちます。今度は腰を反り、足裏全体で着地する傾向にあるようです。もちろん、人によって違いがありますが、開いたときと閉じたときの違いが分かったところで、ようやく足を腰幅に開いて立ちます。そしてこれまでの違いを感受しつつ、左右のバランスがちょうど取れた位置を探します。正しい位置が見つかると、腰は反らずに自然と踵で立つことができ、足先も浮き上がるので「踵立ちができた」と感動するでしょう。

歩く場合も腰幅を保ったまま、地面に2本の線があるかのように歩くのが自然だと思います。

歩き始めた幼児の歩きが、自然らしさのお手本です。

昭和初期の女性2人が5俵もの米俵を担いでいる写真を以前見たことがありますが、そのときも足の開きは正に腰幅でした。この幅でないと背負うことなど到底できないでしょう。現代のように1本線上を歩くような歩き方では、米俵はもとより、赤ちゃんをまともに背負えず、自身の体を支えるのですら大変になるかと思います。

腰幅で歩くと、ちょうど、足の中指のラインで着地します。足幅を狭めると、小指のラインで着地します。前者の場合は、大腿骨と脛骨（下腿の内側にある太い骨）が垂直になりますが、後者の場合は、これらの骨をV字に傾斜させることになり、結果として足全体と股関節に大きな負担を掛けてしまいます。ですから、腰幅で歩く際には足を上げるのではなくマノスベの姿勢で、踵を地面に擦るようにして歩くと、体も自然と左右にブレなくなります。

とはいえ、多くの人は腰幅歩きをしたいとは思わないでしょう。そこで、足幅は狭めても構いませんので、せめて1本線上には歩かないようにしてください。

お辞儀をする際にも、鼠径部から上体を曲げると踵重心で立つことができます。感受性に優れたかつての日本人は、この立ち方に様々な優位性があることをおそらく感じており、腰幅に開いて踵立ちする人もきっと多かったことでしょう。

仙骨に息を吸い込む（密息）

戦いから生まれた姿勢では、脱力することが根本的に難しいのです。けれども、マノスベの姿勢であれは、立ち姿勢で息を吸って留めても脱力ができます。息を吸い込んでいるからこその素晴らしい働きが生まれます。早速、稽古してみましょう。吸って脱力できるというのも、常識外でしょう。こんなことでも外国とは真逆になるのです。

まずはマノスベの姿勢で立ち、鼻から吸い込んだ息は背骨を通して仙骨まで下ろします。すると仙骨が膨らみます。手の甲を仙骨に当ててそれを感じてみましょう。密息は、腹式呼吸の反対側が膨らむので、仙骨呼吸ともいっています。仙骨に息を下ろすと鼠径部が緩みます。鼠径部が緩むと、

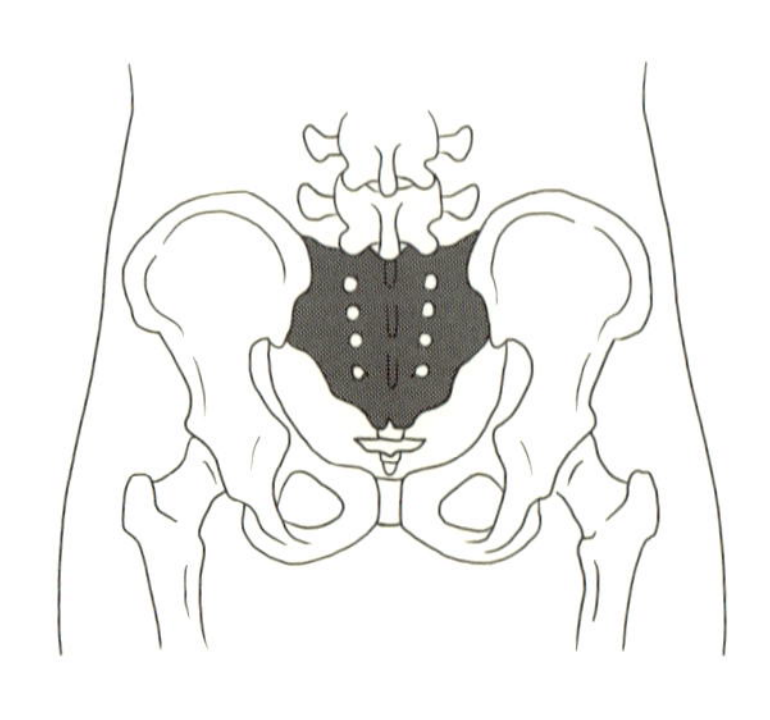

仙骨（図の着色部分）に息を吸い込む
（背面から見た図）。

上体が全て緩みます。

仙骨は、細胞の中枢のように感じます。仙骨に息を吸い込んでそこに溜めると、オホとの共振波動（69頁）が生まれやすくなります。

座る姿勢の場合は、正座やあぐら、また、両踵を前方で合わせて座る場合でも、仙骨の辺りの腰を円く外側へ押し出し、尾骨を地に近づけて、突き刺すような姿勢にすると、中心の軸がしっかりとできて心身共に安定します。

神業の生まれる仙骨呼吸（密息）

腹式呼吸と仙骨呼吸は単に形が違うだけではありません。働きに大きな違いがあります。息を仙骨に留めたときと、吐いてしまったときとの、合氣の効きの差が全く違うことからも、息とは、生きる、勢い、息吹などと同意語だと感じます。息を吐いてしまったら、働きが生きないのです。

腹式呼吸ではお腹が脹（ふく）れるため体は緊張します。その点、仙骨呼吸では腰が少し脹れますが、お腹が張らないので緊張は生まれません。緊張がなければ、息の働きが生かされます。

ちなみに、ある施術家が「今の人たちは、様々な要因で体がねじれてきます。それを元に戻すために、今までは、腕とか脚を持って、力を加えて徐々にねじりを戻していました。ところが仙骨呼吸を行うと、力を加えなくても、腕や脚を掴んで動かそうと思うと、内部の筋肉が徐々に動きます。その動きを感じて頭に映像化させて見ていると、自然とねじれが元に戻っていく様子が見えるのです」と話してくれました。まさに、この力がカムの力なのです。こうして私たちは、仙骨呼吸のカムの働きを知ってその働きにお任せすることで、日常の生き方を変えていくことが可能なのです。

西洋人をモデルにして描かれた生体図は腰がくびれており、この姿勢が標準と思われています。しかし、昔の日本人の腰は、寸胴（ずんどう）（腹から腰にかけて、同じような太さのこと）に近い人が多かったようです。

豚も牛も食用として飼い始めたのは明治になってからです。家畜を食べなかった日本人は、腸の長さが西洋人に比べて長いのです。その長い腸を納めるのに寸胴体型は都合が良かったのです。肉は腸内で腐りやすいので、早く排泄できるようにと、肉を食する民族は腸が短く、お腹も細くくびれています。日本人特有の仙骨呼吸は、背中が陸（平らなこと）でないとできません。背中がくびれていると腹式呼吸しかできないのです。

仙骨呼吸では、神業とでもいうべき働きが表れるようになります。以前、神の力にお任せした不思議な業を行っているある方に伺ったことがありますが、「習った訳ではないのに、自ずと仙骨呼吸になっています」とのことでした。私は仙骨呼吸で神業が生まれると記しましたが、神業を顕す方が自ずと仙骨呼吸になっていたことにも感動しました。これも、その方への神様の応援なのでしょう。

座って行う仙骨呼吸（密息）の練習

ある日、ボンゴという打楽器を習っている女性に、あぐらで座ったときの姿勢について質問をされ、次のようにアドバイスしました。「座って前傾するときには、鼠径部から曲げてお腹は伸ばしておくこと。人に聴いていただく際には、仙骨呼吸をして意識も仙骨に置き、前方には出さないこと。そうすれば聴かせようとしなくても、聴き手側から自然と音楽に入っていきます。」そして、このようにして座った場合と、これまでの姿勢とを比べてみました。これ手真似だけでしたが、前者の姿勢では叩く手がよりしなやかに、柔らかくなりました。これも仙骨呼吸による素晴らしさです。

稽古の際、鼠径部で曲げて前傾する姿勢は、ほとんど行ったことがなかったので、早速、皆で試してみました。実際、鼠径部で曲げて前傾すると、お腹が膨らまず、腹式、胸式呼吸とも難しくなる反面、仙骨に息が入ることが実感しやすくなりました。さらには、氣持ちの統一も早いようです。雑念が広がっている普段の感じから、雑念がなくなり氣持ちが中心へとまとまります。

また、鼠径部から曲げて立った姿勢でも、魂合氣の術は効きます。こうしてみると、広重の絵に鼠径部から曲げて前傾姿勢で立つ人が多く描かれている理由も納得できます。これも踵立ちと密息ができる素晴らしい姿勢だったのです。

浮力を持った手を作る

マノスベの姿勢で立って上体の力と腕の力が抜けると、前腕を水平まで上げたときに、その腕を受けが掴むと、受けの肩や踵が浮き上がります。そこで、これを「浮力を持った手」といいます。

浮き上がった受けは、力を入れることもできません。そのまま導かれるように運ばれて転がされます。この術ができたときに大抵の人は「転がした実感がない」「何かわざと転んでくれているよう」と言います。力ではなく動く感覚は、今まで味わったことがないと思います。この感じを実感してください。

それでは「浮力を持った手」を作ってみましょう。初めはコツが必要ですので、一つの手順をご紹介します。

マノスベの姿勢で立ちますが、胸を掌で持ち上げて、肩を後方に落として保ちます。首を立て、顎は上げ氣味にします。踵重心で立てたら、息を仙骨に下ろします。

そしてゆっくりと腕を上げていきます。上げるに従って、肩や肩甲骨はさらに下へと引かれる感じがします。前腕が水平に上がったら、その状態を維持します。脇は締めないで開けておきます。前腕に浮力がありますから、触れた人の肩や踵が上がります。

ちなみに、掌や指は張らないこと。少し丸くして、だらりと力を抜いておきましょう。また腕に触れられた際、手は動かさないこと。また、上げようと思わないこと。

『五輪書』には「しゅうこうの身」という言葉が出てきます。秋猴（しゅうこう）とは手の短

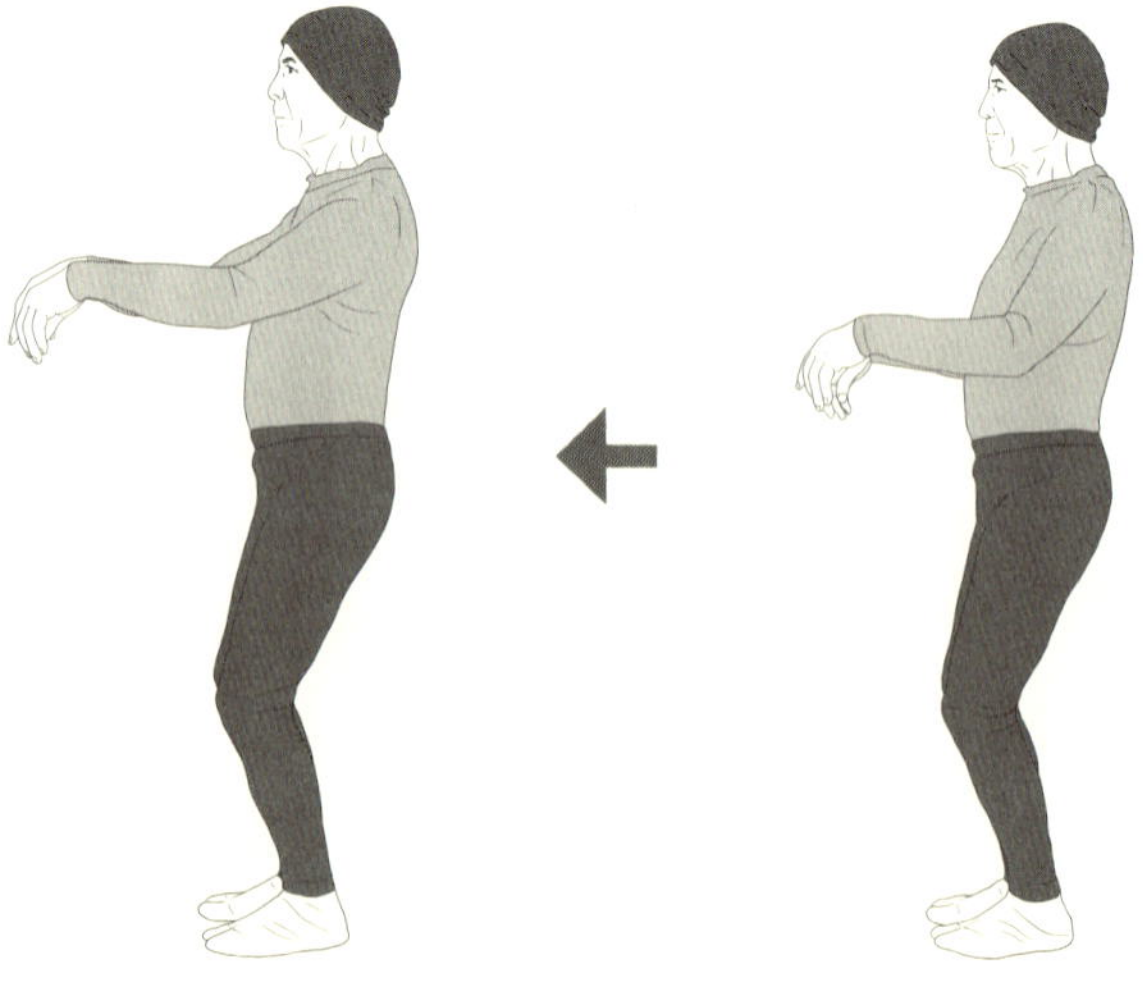

マノスベの姿勢で立ち、胸を掌で持ち上げ、肩を後方に落とす。

ゆっくりと腕を上げ、肩をさらに下に落とす。その腕を掴んだ人は、肩や踵が浮き上がる。

い伝説上の猿のことです。「手を伸ばすことをせず、体を寄せることの大切さ」を抽象した言葉です。

スポーツでは通常、肩を前に出して、手を長くして使うでしょう。肩を後ろに引いて肩甲骨を寄せると、力が出ないからです。けれども、この肩甲骨を寄せた力の出ない姿勢から不思議な働きが生まれることを発見できたのは、この「しうこうの身」の一文のおかげです。

初めのうちは、肘から曲げて前腕を上げましょう。浮力が出やすいからです。脇の下は広く開けます。完全に腕が脱力できれば、腕を伸ばして上げても、浮力を持った手を作ることができます。

▼カタカムナの言葉

カサネマゴコロ

その空間にマに合うように状態が重ねられていくこと。カムで計算された統計的な結果をもとに、アマナがそれを実行します。

カムナガラ

カムが何回もあらわれ、カムウツシ（対向発生＝フトマニ）によってカムからナ（何回もカムウツシ・アマウツシされて）カラ（発生し）イノチを持続しているイマ。

火の巻

カムウツシ・アマウツシを盛んにする

火の巻はカタカムナから紐解く命の原理です。聞き慣れないカタカムナの言葉が多いので、読みづらいかもしれませんが、オホのナリ（本性）の物理は大切になります。

数万年前に発祥（はっしょう）した日本のカタカムナ文化

日本文化が世界と対照的なのは、世界の文化が数千年前に発祥（はっしょう）したのに対し、日本では数万年前の上古代の頃に、後（のち）の世界にも類のないカタカムナ文化が発祥したことにありました。ものごとの道理をあきらかにしたカタカムナ文化の悟りを伝え祭ってきたことで、日本民族の言葉や文字、心身のあり方、生き方といった文化が確立されました。

日本は火山国で災害も多いのですが、その見返りとして土地は柔らかく、四季のある氣候や風土、水資源や、新鮮な野菜、五穀などの食料にも恵まれたため、文化は最も早く発生し開花しました。戦（いくさ）もなく、天然によって生かされていることを感受し、譲（ゆず）り合いの心を培（つちか）うことができました。

日本は世界よりも文化が遅れているとするのは、物質文化を尺度にして語るからであって、日本は精神性の文化でした。

カタカムナ文化よりも遙か後に発祥した「世界四大文明」と呼ばれる文化の起源が大河の周辺であることからみても、その周辺以外では農作物の収穫が上がらず、飲料水にも事欠いたため、文化の発祥までにより永い歳月が掛かったと推測できます。生活を維持するために食料を求めて、他部族への侵略や略奪、負けた部族を奴隷にするといった戦いの歴史が展開されました。これをサヌキ性（左脳での判断・行為力）文化といいます。

サヌキとは、差をつけて抜きん出ようとする心と、力こそが繁栄の道と考える独善的、攻撃的、主観的、現象的な性質をいいます。

サヌキ性と対照なのがアワ性（感受性）です。感受して周囲に合わせる氣質で、受容性、柔軟性、親和性、自然との共振性、直感力といった内観的な性質です。カタカムナ文化は、サヌキ性とアワ性が調和したフトマニ文化でした。

土地が肥沃であり自然の豊かさに恵まれた上古代人は、植物、虫、鳥、獣、魚等の命はもちろんのこと、人の命をなによりも大切にし、生活もそれに適うように努める文化が定着しました。命を大切にすることは、向上性をもって生存を持続すること。要はマノスベに生きることです。そうすれば、その刻々にカムウツシ・アマウツシが自ずと豊富になり、命（細胞）を大切にすることになります。

一方、外国は生活環境がきわめて厳しく、殺し合いの歴史の中で生活の欲望を追求する文化が定着しました。生活環境を快適にしたいという考え方の延長に、現在の科学技術の発達や宗教の発展があるのです。オホのナリ（67頁）といった命のサトリを持たずに欲望を満足させようとすれば、科学技術の発達によって、植物や動物、そして人間の命が、ないがしろにされてしまうことは、歴史や現代の状態をみれば明らかです。命を大切にしない文化は、それでいかに豊かになろうとも、結局は自分たちの作り出した文化によって滅びていくしかありません。

命の理（ことわり）を明らかにしたフトマニ文化が次第に衰退（すいたい）したのは、何度も起きた天地の大変動もありましたが、渡来人によるサヌキ性文化の流入が大きいと思います。

けれども、現在ほど変化も急激ではなかったでしょうから、明治以前の日本には、風習、仕草、姿勢、体の動かし方、歩き方、呼吸、心のあり方に、まだマノスベのあり方が残っていたことがうかがえます。

西欧文化を取り入れなければ、近隣諸国（きんりんしょこく）のように植民地にされてしまうことを危惧（きぐ）した明治政府の下で、日本は西欧文化を積極的に取り入れて軍国化していきました。幾度もの戦争を体験し、大東亜戦争（だいとうあせんそう）で初めて敗戦しました。

これによって、本来の日本文化は雪崩（なだれ）のごとく喪失（そうしつ）し、サヌキ性文化へと変貌していきました。高度経済成長という時代を経て、物は豊かにこそなりましたが、その代償（だいしょう）は大きかったのです。

この先、どのようにしていけば人々が幸せに生きられるのかと、多くの人が考えます。

しかし、生活を快適にしたいというサヌキ性から出た発想が根本にあっては、命を大切にせず行き詰まります。

行き詰まりのないのが、人智を超えた法則のフトマニであり、マノスベで生きることといえましょう。日本文化が数万年も続いたのは、命を大切にするカタカムナの文化があったからです。

▼カタカムナの言葉

フトマニ

カムとアマの二つのチカラの親和重合（フト）によって、生命の実質（ミコト）が発現し、生命体として定着的に存在すること。ものごとは単独で発生することはなく、全て二つが対向することで発生します。そして一つの細胞の発生でさえ、何兆回ものフトがあるのです。

カタカムナ文献

「カタカムナ神のご神体だから、見た者は目がつぶれる」と、平家（ひら）ではかたく秘蔵にされてきた巻物がありました。電氣物理研究家の楢崎皐月（ならさきこうげつ）氏は、昭和24年に兵庫県六甲山山系の金鳥山中にて平十字（ひらとうじ）氏と出会い、ご縁があってこれを書き写すことができました。その後、楢崎氏はカタカムナ文字で綴られたこの巻物を苦心の末に解読しました。その第1首に「カタカムナヒビキ　マノスベシ　アシアトウアン　ウツシマツル　カタカムナウタヒ」とあったことで、これをカタカムナ文献としました。

カタカムナ文献には、漢字で書かれた「間之統示（まのすべし）」や「比比軌（ひびき）」といった古文書もあり、楢崎氏が手に入れていましたが、カタカムナが実に長い間途絶えることなく受け継がれてきたことが分かります。マノスベシとはマノスベの示しといった意味です。

そして、古代人はカタカムナの時代に確立されていた47音（んを含めると48音）の各々1音が持つ意味を捉える感受性を持っており、それをふまえた言葉も豊富に生み出され、伝承されてきました。このことを知るにつけても、カタカムナ文化のもたらした影響の大きさを思い知ります。

カムウツシ・アマウツシが我々の命に深く関わっている

アマ（大宇宙）を生み出しているのは、アマを包み込み、そしてアマに浸透している、形もなく見えない存在であるカムという母性的な宇宙です。カムは、無限の力を持つ存在として、アマにあまねく行き渡り、万象万物の存在や我々の命にも刻々と関わっています。万象万物は一瞬一瞬生み出され、そして解体されています。それはカムから生み出される極微粒子（カムミ）が、常に互換重合（重なり合い入れ替わり）して、現象を生み出し、また還元しているからです。

「カムミカカマクアマネソラ」という言葉があります。カムミがあまねく大空の下に、取り巻いているという意味です。周囲の空間から私たちの体へカムミが取り込まれます。これをカムウツシといいます。カムウツシがあればアマウツシもあります。アマウツシとは、カムミを使って現象物を作り出すことです。それを担当するのがアマの代行者であるアマナ（原子核に相当）です。アマナは、カムミを現象物へと分化（単純・同質のものから複雑・異質なものへ分岐発展）させること、現象物を元の極微粒子へと還元させる仕事を担っています。

そのときに、各々のアマナは持っている情報をカムに送ります。カムはそれらの統計的な結果に基づいた設計図を各アマナに渡します。アマナはそれに基づいて分化・還元させますから、さしずめ大工さんといったところでしょうか。

環境の様々な情報も統計されて次々と変化するため、出来栄えを良くするには、アワ性（感受性に優れた女性的）であることが大切です。アワ性であれば、カムウツシ・アマウツシの量も増えます。量が多ければ、潜象から現象への変化の過程でエネルギーにも恵まれて、出来栄えも抜きん出ます。

このように、周囲との関連で一瞬一瞬状態が変化していく原則がある以上、未来は予言できることではなく、また余命何か月などということもできないのです。

なお、これから出産を控えている女性は、子のためにも意識してカムウツシ・アマウシを豊富にしてください。胎児の育つ十か月、この間の母親の健康状態（カムウツシ・アマウツシの量）が、その子の生命力にも大きく関係するからです。

いかに栄養素や酸素、水を補っていても、私たちはカムウツシ・アマウツシなしでは一瞬たりとも生きられません。生命そのものを補給することが大切であり、その物理がオホのナリとして、上古代の日本では常識であったのでしょう。

赤ちゃんが寝しなに重くなるのは、カムウツシ・アマウツシが盛んだから

赤ちゃんは、カムウツシ・アマウツシが豊富になる条件を備えています。母親に委ねて安らいでいる、体が柔らかい、無邪氣、素直といった条件です。

赤ちゃんは、眠る寸前に体が熱くなってずっしりと重くなります。カムウツシによって、アマネソラ（遍く空）からカムミが入り、体を作る素材の密度が増すからです。「寝る子は育つ」といいますが、赤ちゃんは寝ている間にアマウツシによって、アマの代理を務めるアマナが、カムミを使ってイカツミ、マクミ、カラミ等の生命質の基本粒子を作り出します。これによって成長します。このときアマナに働く力、つまりカムウツシ・アマウツシの量のことを、カタカムナではオモダルといいます。

私たちの体は、膨大な数のアマナを宿しています。アマナは原子核のことですが、原子核にこんな能力があるとは、思いもしなかったことですから感動します。アマナは現象と潜象にまたがっています。人も現象質と潜象質でできており、潜象にも共鳴します。ゆえに、ア

マナに働く力、つまりオモダルを感受できるので重くなったと感じるのです。

しかし、秤（はかり）は原子以上の現象物の質量と引力との関係を計るため、潜象の分は測定できません。相当重くなったと感じるのに秤では変わらないといった、感覚とは異なる妙なことが起きます。

オホのナリの物理

オホとは、「環境（オ）に存在するカムの大きな力（カムミ）がつねに我々の生命に関わってくれて、カムウツシ・アマウツシを持続させて我々の体（細胞）を生かしてくれているカムのシヒ『潜象のもの』」を意味しています。（シは示される、ヒは見えない、エネルギーを持ったもの）。

我々の体は、60兆個の細胞から成っているといわれています。カタカムナでは細胞をオホワタツミといいますが、これは、ワタのように柔らかな個々の身（み）という意味で、細胞同士互いに調和・融合し、同時に、自由に分けたり、まとめたり転換しうる状態にあれば正常であり健康です。

「オホワタツミ」は、大きなワから独り立ちした一つ一つの身という意味でもあり、一つ一つの細胞に、オホが深く関わっていることが分かります。

相似象学会事務所発行の**『相似象・第十四号』**第三十四首の解説には、オホについて次のような趣旨が記されています。

「オホは自分の生み出した命が、現実の場で、どのように変遷し、変化しようとも十分に関わり通して体を養い守り、最後まで生かそうとします。

我々がオホの示す方向に素直にのって生きれば、当たり前に健康な生命を全うして、イヤシロに生きられるのですが、人間はなまじ脳が進化した為に、意識することもなくオホの方向に背く判断行為をしてしまうので、オホから我々に与えられた非常に正確かつ精密で巧妙に用意されているトワ・チカの生命力をむげに歪(ゆが)め壊して、心身の病や癌(がん)を起こしてしまうのです。」

トワの生命力とは、ホメオスタシス（恒常性、同一の健康体に保つ、つまり、体内の変化に対して健康に安定を保とうとする働き）、免疫力、自然治癒力などの根源的な生命力。チカの生命力とは、交感神経、副交感神経といった生命活動を調整する自律神経の働きのことです。

「オホ」は、我々の細胞を取り巻く環境（オ）に存在して、つねに我々の生命に関わって、私たちを生かしてくれています。そのための波動も出ています。オホの波動は命の原点であり、全ての細胞にとっても心地良く感じられます。

オホの波動を感受するとは、オホとの共振波動を発信することであり、古代の日本人は、それを自ずと発信できていました。受発信できることは、自分たちの生命の根源を感受することになります。命の根源とは、カムウツシ・アマウツシのことです。

けれども、現代人は共振波動を受発信できる状態を欠かしてしまいました。それを復活させるのがマノスベの姿勢であり、心の状態なのです。風帆の歩きも、マノスベの姿勢を保ちます。仙骨呼吸も同様です。そして仙骨がこれらの中枢であり、ここに息を溜めることがとても重要です。マノスベの姿勢でなければ、仙骨呼吸はできません。そして全身が緩みきって、かつ統一された状態で、オホとの共振波動を受発信します。

オホは、分離、独立して、我々の細胞に親和重合して留まる働きがあります。これをオホタマルといいます。オホをどうイメージしたのでしょうか。オホの姿のことをアマツミソラノアメヒトツハシラといいました。生命を構成する最小単位が親和重合し、現象として発生していく過程で、アマツミソラ（たくさんの空間）が引き締まって閉じられて、様々な種類に転換してまとまり、オホタマルになっていくというイメージです。これは、我々がアマから生み出されていることを抽象しています。

生命の根源であるカムミの量の差をカサネといいます。サという言葉は、ずばり、カムの関わりの差の意味になります。オホタマルの量やカサネに差が出るのも、細胞の出来栄えや元氣に差が出るのも、カムウツシ、アマウツシの量の違いによります。

このイノチのヌシと響き合う共振波動を身に付ける鍛錬さえ怠らなければ、心地良く生活することができます。命を生み、生かしてくれている物理、マノスベを知れば、自ずと生かされる方向性を持つことになります。

私たちのすることは、その場（マ）を用意することだけであり、そのためには、サヌキ性から生み出された邪魔となる要素を除いていくことです。筋トレやウオーキングといった、健康に良いといわれていることが、実は細胞をいじめることになるのです。それを感受して、一つ一つ取り除いていかなければなりません。ひとたび、従来の先入感が払拭されれば、このマノスベこそ最も徹底した、効率よく生きるスベであることが、体を通して分かることでしょう。

カタカムナの物理は、外国の神のように戒律だの契約だの、供物や礼拝、天罰だのと氣をつかわなければならないような人為的、意志的なものではありません。

宗教は、心の要求を満たすことから生まれたのであり、かつて日本にはなかったのです。悟りによって過去世や来世、遠い星の世界を垣間見るということは、頭で作り出された映像でしかないことが、カタカムナの物理から分かります。

私たちを生み出しているアマの心の素直さに沿ったマノスベであれば、自ずと守っていただけるのです。このことは、頭でいくら検討しても意味のないことであり、命の根源、カムミやカムウツシ・アマウツシを感受することが、自然に生きることなのです。

▼カタカムナの言葉

イヤシロチバ

イヤ（電氣が極限まで豊富に）シロ（示されて、現れて）チバ（そのチカラが持続している場）。イは電氣であり、生命力の働き、エネルギー系のこと。イが継続することをイノチといいます。体をイヤシロに保つことが、エネルギーに満ちた健康体である、という命の理。

オホナホビヒメ

六方環境に存在するオホ（大きなチカラ、カムのチカラ、カムミ）が、我々のイ（命）のイキココロのミ（生物脳アマナに蓄積されていたミ）と、正反親和（ホ）してフトマニの発生を繰り返して（ナ）、生命力の根源（ヒ）を発生する芽となっていることをいいます。フトマニと同意義の言葉です。

アマツミソラ

アマはあらゆるもののはじまりで、始元量の小さな塊のこと。その一つ一つがミとなってソラ（そこに現れて）変遷している意味で、我々の生命体もアマツミソラ（大宇宙、及びそこに充満する始元量）から生み出されていること。ソラとはそこに現れる場所という意味に捉えると、不思議な感覚です。

ミを入れて働くと元氣になる

丁寧な氣持ちでミを入れて（心を込めて）働いたら元氣になった。そんな経験があるかと思います。ミを入れると、ミチガエルほど元氣になるのは、カムウツシ・アマウツシが盛んになるからです。ところがミを入れずに働いていると、それはマノスベから外れアマウツシ・

カムウツシに恵まれず疲れます。ミを入れるとは、それを好ましく思って、氣持ちを込めて行うことであり、感受しつつ行うことになります。ミを入れることは、生命活動にとって非常に大切です。

その理由を説明するために、人間脳と生物脳のことを記(しる)します。人間の脳が生物の脳と異なるのは、大脳新皮質が発達したことです。これによって、他の生物とは異なる創造や想像の力を発揮し、判断力や行動力が大きくなったこと（サヌキ性）が特徴です。

人間以外の生物は、判断・行動力の大脳新皮質は小さい一方で、感受性や生命力（アワ性）の働く大脳辺縁系(だいのうへんえんけい)、脳幹(のうかん)、脊髄系(せきずいけい)が発達しています。この脳を生物脳とします。感受した時点で感覚器官が働き、瞬時にミの電氣粒子が発生し、知覚神経を通って生物脳のアマナに入ります。これが「ミを入れる」ことです。

ミが生物脳のアマナに入り、それまでに経験して蓄積してきたミのどれかと、今入れたミとが照合すると電氣的に共振します。これが二つの粒子の統合・重合（フト）です。共振することによって、これは何々であると知覚できるのです。

それによって、行動を起こすための新しい生命力が天然に発生します（マニ）。

感覚器官が感受した「ミ」と、生物脳のアマナに蓄積してあった「ミ」とが出合うことによって、新しい生命力が発生し持続します（フトマニという生命発生の潜象物理）。

ちなみに、脳科学でも大脳新皮質は、適応行動や創造行為など上手に生きる働きを示します。大脳辺縁系は、本能行動、情動行動などたくましく生きる働き。脳幹、脊髄は、交感神経・副交感神経の調節作用や反射活動といった生命力の働きとしています。それらは生物脳の細胞の原子核であるアマナにミが入ることによって、生命力が発生するからです。このような大きな天然の恩恵が得られることを、感受性の高い上古代の人たちは発見していました。

人間脳の次元で仕事をすれば体力は消耗します。しかし、一つ一つの活動にミを入れて行い、感受を心がけることで、その都度フトマニが発生し、生命力が賦活（ふかつ）（アマウツシ）され、自然にイキイキと元氣になり体力も消耗しません。また、判断力や行動力であるサヌキ性も増します。何をするにもミを入れ感受して、丁寧に心を込めて行うこと。これが、カムウツシ・アマウツシを増すことになります。

カムウツシ・アマウツシによって生命力が活発になると、自ずと心穏やかになり、体も元氣になります。反対に生命力の発生が少なくなると、自ずと不安を覚えます。不安な心では細胞の心とはむすべません。自身が安らぐことが魂合氣上達の秘訣です。

対向発生（フトマニ）の際に、どれほどの量の重合発生が行われているかは計り知れません（これを、アマハヤミのマノスベといっています）。つまり超光速度（アマハヤミ）で繰り返される生命力の賦活によって、イノチは繋がっていきます。

▼カタカムナの言葉

イマタチ

万象は一瞬一瞬変化しているタチ（性質）と洞察し、その変化は、アマナからカムに送られる様々な要素をカムが一瞬で集計します。さらに、そこから導き出される統計的結果をアマナに返し、それに基づいてアマナは作り替えていく、そんな性質であると把握していました。現代の人たちは、今が次の今に、そのまま川の流れのように移動していると思っていますが、カタカムナ人は、時間も空間も、刻々に発生し刻々に消滅するものであり、命も心もカムウツシ・アマウツシによって、死ぬ日まで一瞬一瞬生まれ変わっていると捉えていました。

ムスビ

産す玄（むひ）であり、発生する根源のこと。

ムツミ

個々の無い身の意味で、己を無くして一体となる意。ムスビ、ムツミが魂合氣の奥義です。

手はセンサーとして使う

魂合氣では、指、掌、手、前腕はセンサー（変化を検出する素子）として使い、力を入れる使い方はしません。センサーを働かせるにはしっかりと感じることが大切です。感じることを省略すると、受けを動かすことはできません。というよりもマノスベによって受けが動くため、感受しながら腕をコントロールしているといった感じです。

精密機器では、センサーの検出量を信号に変換して計測系に入力します。計測系ではそれに基づいて、次にどうコントロールするかを計算処理して出力系に送ります。この指示に従って出力系で具体的な動きがなされます。

人も同じです。手で感じると、その情報は信号に変換されて生物脳（大脳辺縁系、脳幹、脊髄系）に送られます。ここで、次にどうしたらマに合うかと計算処理された結果と共に、新しい生命力（ミ）が生まれます。生命力とは、イカツミ、マクミ、カラミといった、最小の微粒子ですが、これを使って、アマナはマに合う現象を作り出します。生物脳でどう現象を生み出せば良いのかは、カムで計算されるので、大事なのはそれを信頼することです。

このときに人間脳を働かせると、働きは消えてしまいますから、無心になって動くことが大切です。

「無心とは、一意を最大限に生かす状態」のことをいいます。これについては既刊『風帆の歩きと魂合氣の術』で次のように記しています。

「『矢は狙って放つのではなく、当ててから放つ。右脳のなす思いは、初めから結果と同じである』という弓道の達人の話があります。このように未来を今に引きよせることは魂合氣でも同じです。転がそうと思ったり、転がるかなと心配したりせずに、『この状態ならば転がるのが当然』と、安心して無心でいることが、未来を引きよせることになります。これを一意といいます。一つの思いであれば、それは全ての細胞に伝達されるので、それぞれの細胞が働きを過不足なく表して、体全体の自然な動きが生まれ、ことが上手く運ぶように思えます。」

無心とは、長閑（のどか）な心地良い中で、とろんとした氣持ちであることですが、「これならば、受けがこうなる」という一意を細胞に分かってもらった上での無心なのです。

▼カタカムナの言葉

マリ

時空互換量子（時間にも空間にも互いに換わる量子のこと）。マリはアマから離れて球状（毬（まり））を成した潜象微粒子という意味になります。

マリは潜象微粒子のままで渦巻いていますが、マリが重合して、それがアマによって一層加圧されると、イカツミ（陰電子サヌキ、陽電子アワ）に変換します。

マノスベで感受して生きる

心は大きく延び広がっているのが良く、一所（ひとところ）に留めると心に自由さがなくなります。一所に焦点を合わせない見方を遠山の目付といいます。

悲しみや悩み事に心がとらわれると、心は一所に留まり感受性が働きません。そんなときほど努めて体の各所に意識を向けて「温かさ、心地良さ、揺れ、動き、速さ、重み、緊張箇所、脱力感」といった様々なことを感受してミを入れます。マノスベの姿勢は、立ったときに微妙なバランス感覚で姿勢をコントロールすることから、これが一つの「体で感じ、それに従う自然な動きといとなみ」になります。

生物脳が主体の動物は、何をするにも感受して行います。人間のように感受せずに動くことがありません。人間は考えているときは、感受しないで動いてしまいます。

子供の頃には、ささいなことにも感動できました。その感動も後ではっきりと思い起こせるほど、感受性も豊かでミも豊富に入りました。子供の頃の1日がとても長く感じたのは、生命力の発生が豊富だったからです。

年を取るにしたがってミが入りにくくなっていきます。それは頭で知っているからと、感受する氣持ちが冷めてしまうからです。呆けるのは、感受することや、心を込めることが少なくなり、ミが入りにくくなったためです。

感受せずに動くときは、イノチやマに必要なエネルギーの発生がないので、日常生活では疲れます。今の教育では生物脳の鍛錬（ミを入れて生きること）などをしていないため、理論派タイプが多くなってしまいます。

生物脳の鍛錬とは、例えば手を動かすときには、皮膚を通して、周りの空氣や腕の重さ、動くときの何らかの変化を感じます。手はセンサーの役目があります。こうすることでミが入り、マに合うエネルギーが発生しますから、魂合氣の場合では受けを力ではなく氣で動かすことができるのです。等速度でゆっくり動く意味はここにあるのです。

人間は感受がなくても、勝手な判断、行為を考えて行動します。しかし、所詮はミの入らない判断行為には生命力の発生がないので、心身共に元氣に生き続けることができません。情緒も不安定になります。日常生活や仕事の一つ一つにミを入れて、フトマニを起こし、生命力の発生を豊かにすることです。欲望やプライドのための判断行為ではエネルギーが伴わないので、怪我をしたり病氣になります。人間は呆けますが、常に感受して生きている動物は死ぬまで呆けることがありません。

ヒフミヨイは生命発生の順序

カタカムナでは、あらゆる現象はカムの代謝物が変遷したものとみています。変遷していくその最小単位をヒ（ヒトツ）とし、ヒフミヨイムナヤ（1から8）で抽象しました。ヒからヨ（1から4）までは潜象から現象へ移りゆく過程、イからヤ（5から8）までは現象が完成へと移りゆく過程を表します。

アマに充満している微分粒子の最小単位がヒであり、ヒは絶えず回転しつつ旋転、流動しています。左回り（アワマワリ）のヒと右回り（サヌキマワリ）のヒが出会って重合すると、強い周りが弱い周りを内蔵したマリ（高速回転でマリ状になったもの）が発生します。つまり、左回りのヒを内蔵した右回りのマリと、右回りのマリを内蔵した左回りのマリの二つができます。これがフ（正・反の二つ）のマリです。全てはこれの相似象になっていて、人も女性は右回り（サヌキ）を内蔵した左回りであり、男性がこれの逆になります。

「アメヒトツハシラ」という言葉はこのことを示していて、あらゆる物の発生の芽（アメ）は、ヒが統合された（ヒトツ）もので、全て正反に示されて（ハシ）現れる（ラ）、といった意味になります。ヒとはカムでありアマであり、カムとアマの共役や重合があらゆる現象の根源になっています。

フのマリも左回り右回りに旋転しながら集合し、重合や融合を繰り返しつつアマに渦巻いています。

ミはフのマリとヒが重合してミのマリとなったもので、正・反のヒが三つ組み合わさって旋転循環しているのでミツゴといいます。「ミを入れる」のミとはこれのことで、ミツゴの素量は、イカツミ（陽電子アワ、陰電子サヌキ）、マクミ（磁氣の素量）、カラミ（力の素量）であり、これらが物質や生命のミ（実質）となります。アマナはこれを使って現象へと組み上げます（素量とは、現象として現れる前の状態のこと）。

ヨはミのマリが変遷してイとなる過程をいいます。ヨでの変遷は、重合の量によって様々な粒子が発生します。

イは現象に現れた最小粒子であって、それらの素量は、イカツミ、マクミ、カラミにトキ

（時間量）、トコロ（空間量）が加わった五つです。その「イ」が集まって、原子・分子、細胞となっていきます。

ムは前後左右上下の6方向に広がって形状をなすことです。

ナとは、アマ・カムの関わりが何万回、何億回と繰り返すことを意味しています。

ヤは八百（やお）、八千代（やちよ）、ヤスラギ、イヤサカなどから分かるように、完成、飽和安定、極限といった意味があります。このように、ヒからヤまではカムからウツされた命の微粒子の発生と変遷の悟りであって、私のたちの体は刻々とこのような一つ一つの微粒子の変遷が重なり合って、変化をしながらイノチを持続させています。

トキとトコロについて

現代の科学では、トキ（時間量）とトコロ（空間量・物）は別質であり、それぞれが独立しているとみなしています。時は流れるもので、流れの2点間を時間といっています。しかしカタカムナでは、トキもトコロもマリの変遷であって、トコロのマリはトキのマリに、トキのマリはトコロのマリへと互換していると考えました。時間が長く感じられたり短く感じられたりするのは、体に占めるマリの密度の差であって、密度が高ければ、時間も長く感じます。これはカムウツシ・アマウツシの量の違いによるものです。

我々の体もイノチが尽きれば、体を構成しているトキのマリもトコロのマリもアマに還元し拡散してしまいます。

▼カタカムナの言葉

イザナギ・イザナミ

潜象の微粒子であるマリは、ナミ（波）にもナギにも変化します。二つの性質のトコタチ（共に転がり重なり合う性質、互換重合）の際の偏り（かたより）でトキ（イザナミ）が生じたり、物質（イザナギ）が生じたりします。

カタチサキとイマタチ

「アウノスヘシレカタチサキ」というカタカムナの言葉があります。

アウノスへとは、アウ（互換）ノスへ（重合）、スべ（統べる。まとまる）。つまり互換重合した先を知れということです。何を知るかというと、形ができること（形咲き）、分解しカムに還元すること（形割き）、それにカムウツシ・アマウツシの量によって、できる形には差が現れる（サキ）といったことです。

潜象から現象へといった循環の中に今があります。この循環はアマハヤミ（超光速）で行われています。イノチは一瞬一瞬にカムウツシ・アマウツシによって賦与され、アマナによって発現します。これをイマタチ（今の質）といいます。このイマタチに差ができることがカタチサキです。

イマタチを良くするには、カムウツシ・アマウツシに恵まれること、また、心の状態や、感受性を高めてミを入れることです。私たちは一瞬一瞬のカタチサキを良くするように努めることで、日常生活もイマタチを良くして生き生きと過ごすことができるのです。ちなみに魂合氣の術が効く原理もここにあります。

風の巻

マノスベの姿勢と体の動かし方

スポーツは戦いから生まれた体の動かし方

当世は、戦いの歴史から生まれた外国の姿勢や動作が全面的に浸透してしまいました。スポーツも戦いであって、その戦う氣持ちが出ると体は自ずと前傾します。すると重心は前側に掛かります。骨盤も前傾します。前傾した姿勢を垂直に正そうとすれば、腰のところで反ります。すると顎は下がります。この姿勢で歩こうとすれば、地面を蹴ることになります。呼吸をすれば、当然ながら腹式呼吸になります。腰の反った姿勢では密息はできません。要は全てが外国文化なのです。

「腰を反らせて、背骨はS字を描くのが正しい」というのも、外国人にとっては当然の姿勢だからです。この姿勢は引く動きよりも押す動きが楽なため、押す文化が生まれました。鋸（のこぎり）は、外国では押して使いますが、日本では引いて使います（引く文化）。

フェンシングやボクシング、中国拳法のように突くといった動作が楽になります。かんなや戦いであるスポーツは、動くときに力みが出て加速度がつき、また体全体を使うといった不必要な動きが生まれ、余計な力みが出ます。このような姿勢や動きでは脱力できません。

筋力を使わない業などは、外国ではあり得ません。しかもこの姿勢と体の使い方は、ものを精妙に作る際には適しません。精度が下がるからです。

片や、上古代以来の日本人の姿勢と体の使い方は、もの作りに適していました。ものを作るには、はっきりとイメージができること、掌や指先、腕で感受して、それに応じて体をコントロールできること、力を抜くのに適した姿勢や力を入れない動きが大切です。

『植芝盛平先生口述　武産合氣』（高橋秀雄編著、白光真宏会出版局）には、**「我が国には、本来スポーツというものはない。」（略）「スポーツとは、遊技であり、遊戯である。魂の抜けた遊技である。魄（はく）（肉体）のみの競いであり、魂の競いではない。つまり、ざれごとの競争である。」（50頁）**。とあります。

上古代から伝統としてきた「体で感じてそれに従う自然な動き」は、日本のもの作りの精度を高める繊細な体の動かし方に沿うものでした。それには、争わない心のあり方が大切です。オホは、自分の生み出した命を養い守ろうと慈しみをもって関わり続けていますが、このようなオホのあり方のように、体（細胞）を慈しむことが心のあり方なのです。

オホとの共振波動を感受できるように体を統一する

魂合氣では、受けとの接触点、動き、力みなどを「しっかりと感受しつつ、等速度で動かすこと」が大切であって、決して無造作には動かしません。「感受する」にも上手下手がありますが、氣持ちを統一、集中して感じることです。これは一箇所に集中するのではなく、広く感じている中で接触点もしっかり感じることです。

現代は、多くの仕事をコンピュータに管理させています。人が感受しながら仕事をするといった機会は失われつつあります。「体で感受して、それに従う自然ないとなみ」という、かつての日本人が身に付けていた本来性に則(のっと)って作業すれば、今という瞬間に必要なマ（時、所、場合）に合った生命力が瞬時に生み出されます。しかし、感受して行う機会を失うことは、体にミが入らない、生命力を活発にするカムウツシ・アマウツシが少なくなりますから、今後はますます若いうちに呆(ほう)ける人も増えるでしょう。

マノスベの動かし方を日課にしておられる男性が「厳しい筋トレをしていたときよりも、柔らかな筋肉がついてきました。血行も良くなり、足や胸板、お尻まわりや腰まわりといった必要な箇所にも筋肉がついて今までで最高です」と見せてくれました。

ちなみに、上体は内臓が働くための仕事場です。そこで心臓、肺、胃腸などの周囲の筋肉を柔らかく保って、内臓が動きやすくすることが大切です。

手や足の筋肉、足首などを使いすぎて硬くしてしまうと、肩や首筋まで影響し、筋を固くしてしまいます。ましてや、腹筋や胸筋、背筋など上体の筋肉をトレーニングすると、内臓の働きが悪くなります。胴体をねじってはならないというのが、江戸時代までの武術の心得でした。これは魂合氣も同じで、最も大切な体の使い方になります。

この後に載せた手を動かすワークでは、全て「上体を静止させて手を動かすこと」が大切です。スポーツの常識からは、にわかには信じられないでしょう。ほとんどの人は手を動かすときに胴体も動かすことが良いと思っています。しかし、胴体と腕の細胞に統一感が生まれるには、胴体を動かさず、緊張もさせずに手を動かします。

手や足を独立させて動かし、胴体をねじらないことは、内臓の働きを大切にすることにもなります。お辞儀をする際も、昔の人は鼠径部で折ってお腹は曲げないようにしていました。胴体をねじらないことで統一感が生まれ、その統一感によって、オホとの共振波動が増幅し、カムウツシ・アマウツシを増やすことになります。

腕に仕事を任せる

腕を信頼して、腕に仕事を任せて、どこまでも力を抜いて動かします。この効果を試してみましょう。

掴ませた左腕を後方に動かして転がす

取りは肘を柔らかく伸ばして、両腕を差し出します。受けは歩いてきて、右手で取りの左腕を掴みます。取りは受けの掌を感じて、左腕を水平に真っ直ぐに後方に動かします。このとき、体のどこにも力を入れないようにして、肩関節からまず動かします。すると、腕の柔らかな動きで受けを引くことができます。左腕に働きを任せて力を抜けば抜くほど、受けは楽に動いてくれます。左腕の働きは筋力ではないのです。

右掌からは右回りの氣が、左掌からは左回りの氣が出ています。この左回りの氣は優しい氣、緩む氣です。右回りの氣は締まる氣なので、魂合氣では右手よりも左手を使った方が受けを動かしやすいことを知ってください。

右手で握手して下へ転がす

両者向き合って立ち、右手で握手をします。取りは握り返さず、また掌には力を入れないようにします。受けを掌でしっかり感じたら、肩から動いて腕を下ろすか横に動かします。すると、受けは腰や膝から崩れるでしょう。全てコツは同じです。接触面をしっかりと感じ、あとは腕に動きを任せ、力を完全に抜いて肩から動かすだけです。

丁寧な氣持ちで腕を動かすとき、自ずと肩から動くことになります。このとき、肩甲骨の下側は寄せておきます。脇の下も開けておきます。体幹を前に傾けないことも大切です。

両腕を掴ませて、左手を上げて転がす

取りが出した両腕を、受けは両腕で掴みます。しっかりと感じながら、左腕を肩から動かして上げていくと、受けは横向きにのけぞります。あとは歩いて体を回していけば、受けは転びます。この間、力は完全に抜いたまま、腕に仕事を任せて動かします。

両掌を向かい合わせて上下に反す動き

お腹の前方40センチメートル辺りに左掌を上に向けて差し出します。それに右掌を軽く乗せます（上下の掌が直角に交差するように）。次に両掌を合わせたまま滑らしつつ回して左手の甲を上にします。この回す動作を繰り返します。これを行うときは、マノスベの姿勢で立ち、胸を上げて仙骨呼吸と共に行います。

この動かし方に慣れたら、掌の間を20～30センチメートルほど開いて、同じように繰り返してみましょう。腕をねじらないように心がけると、一方の肘が横向きになったとき、もう一方の肘は下向きになります。両肘を同じ高さに保ったままで行うと前腕をねじることになりますから注意してください。魂合氣では胴体もそうでしたが、腕も脚もねじらないことが大切です。

等速度で毎分30回以下の速さで、ふわりふわりとゆっくり行います。掌の間に弾力性のある氣のマリができているのが感じられます。5分ほど続けると掌も体も温かくなり、踵に重みがぐんと乗ってくるのが分かります。

不思議ですが、掌に金粉が現れる人が何人も出てきました。氣の働きの一つとみれば不思議ではなく、氣を学ぶ人たちは、氣の流れが良くなったことと捉えています。

この動きを続けている最中に、受けは両手で取りの両腕を掴んでみます。その動きを止めることができないでしょう。

両掌を 20 ～ 30 センチほど空けて上下に向かい合わせる。

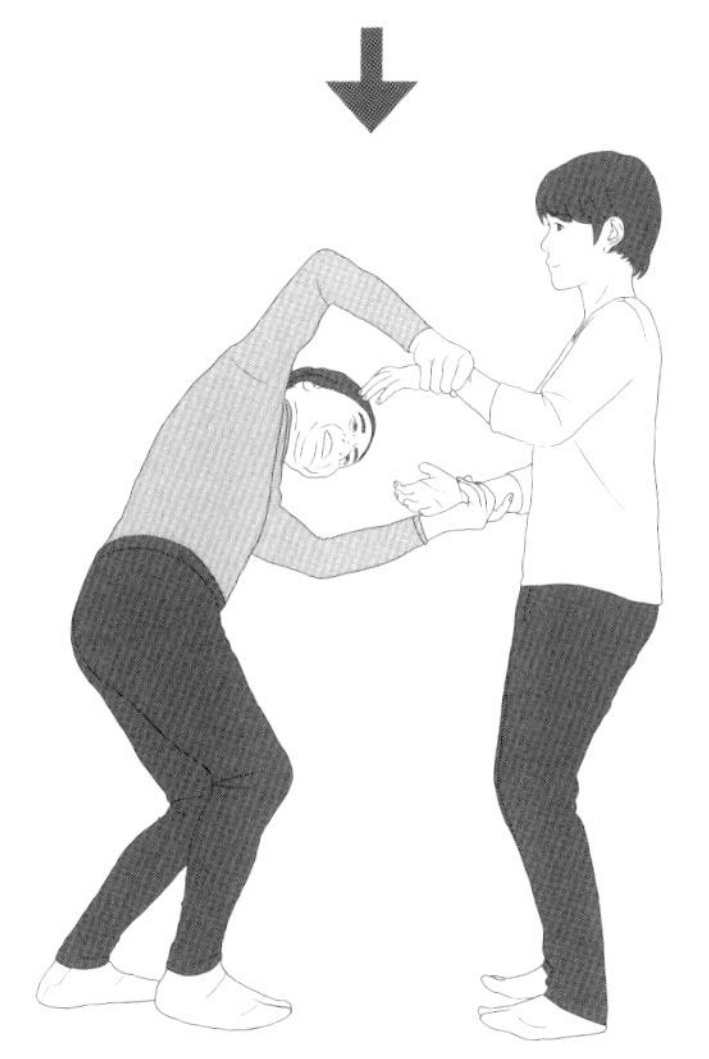

向かい合わせた両掌を回すと、その手を掴んだ受けは崩される。

次は右手を出して腕を受けに掴ませ、「掌を上下に反す動き」をしてみましょう。片手でも同じように動けば受けを転がせます。やってみると分かりますが、強烈な術になります。

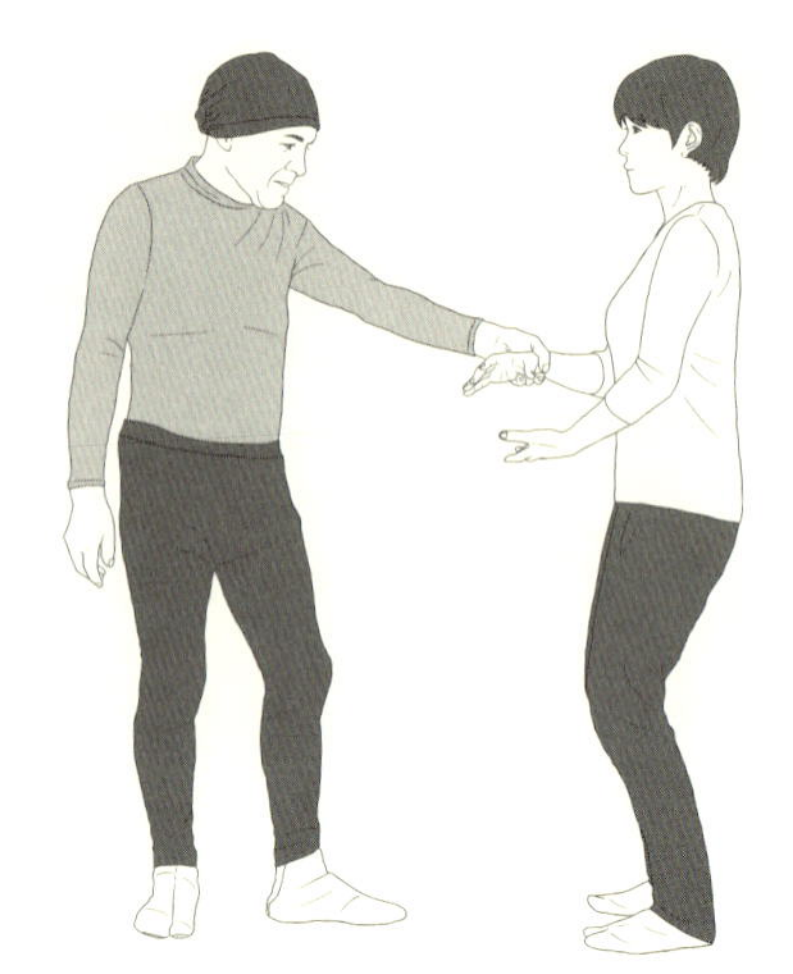

両掌を向かい合わせた状態から、右腕だけを掴まれても同じ。

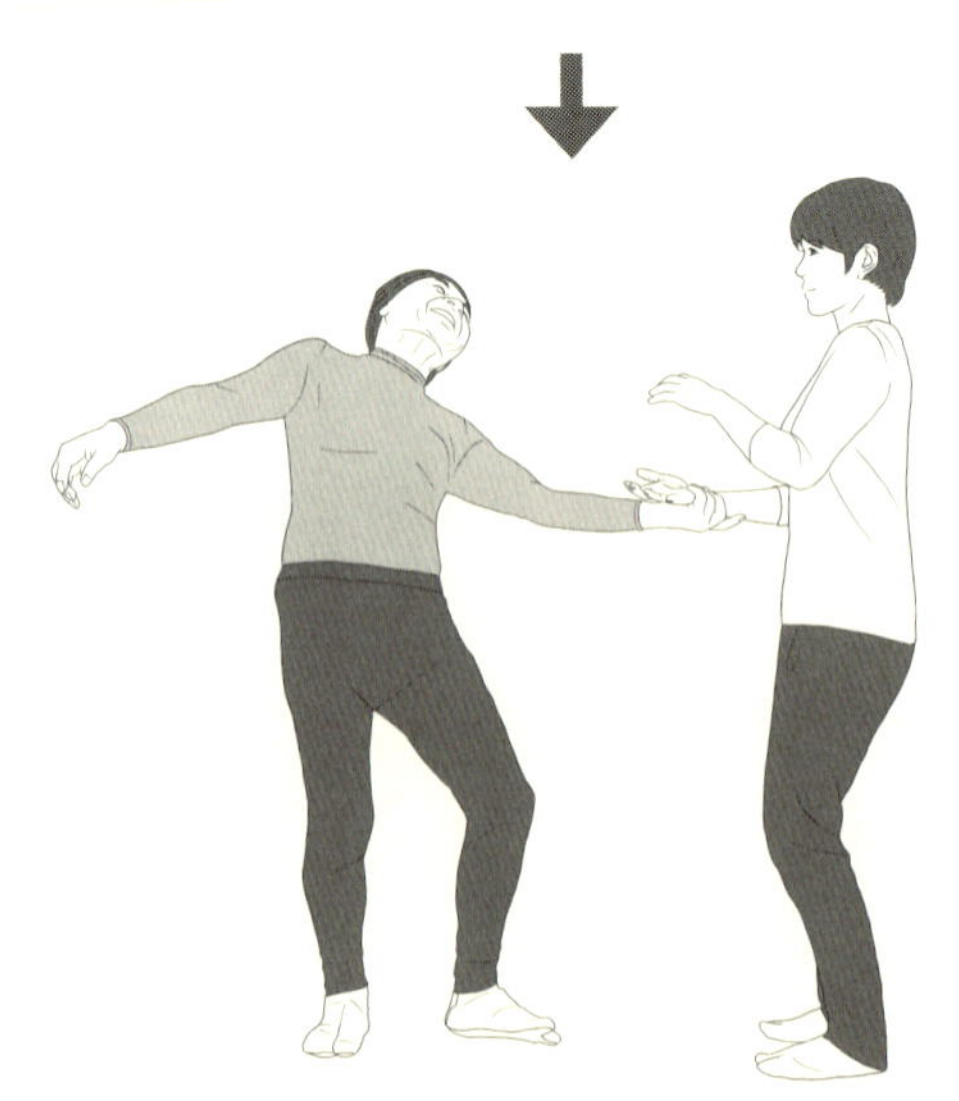

向かい合わせた両掌を回すと、その手を掴んだ受けは崩される。

腕を左右に回すスワイショウ

スワイショウは、中国武術の一派である形意拳家が開発したもので、形意拳の秘宝とされています。元々は戦いのための武術であり、肝心な点はおそらく隠しているのでしょう。巷で行われているスワイショウは、単なるスポーツ的な振り方のため、腰をねじり膝も左右に動きます。実は膝が左右に動いては膝にも良くないのです。ここでは魂合氣の術として、マノスベの動き方をお伝えします。

まず、足を腰幅に開いて立ちます。それ以上開いても閉じてもいけません。ちょうど、人体骨格標本のように、股関節から足がぶら下がった自然な状態が良いのです。

試しに受けに両腕を持たせて、右か左に力を入れずに両腕を動かしてみます。足幅がぴったり定まっていれば、受けを軽く動かすことができます。しかし、その幅以外では受けを動かせないでしょう。その人にとって自然な足幅であること（46頁）、これに勝る立ち方はありません。

ほとんどの人は、腕を動かすのに手先から動かします。けれども、鳥や虫の羽のように根元（肩）から動かしてください。まずは肩から動き、その流れに乗って肩から先の方へと移り最後に手先が動くことが自然にできるようにします。動かす大きさは、右手の手先が左腰の斜め前にきて、左手は手の甲が脊柱にくる程度です。毎分20回以下の速さで行います。体の感覚を感受しつつ行うには、ゆっくり行うことが良いのです。

鼠径部を緩めると上体も緩みますから、膝も腰も胸も正面に向いたままで行えます。また、胸を上げておくと肩と腕を分離できます。試しに腕を垂直に上げてみると、真上まで上がることで分かります。分離できていれば腕と大胸筋が分離でき、大胸筋が動くことも少なくなります。そこで胸の中央のラインを左右に動かさずに腕を回すことができます。また背骨も左右に動きません。肩甲骨だけが背中を中心に左右に動きます。このようになれば、腕と胴体が分離できていることになります。

ここでは体を動かさずに手を振ることを稽古しますが、これができれば、受けに腕を取らせても楽に動かせます。前述の「七歳の女子がなぜ、大人を転がすことができたのか」の羽音ちゃんの動きがこれでした。

体全体が動いても良いという考えは、スポーツ的な発想です。一方、無駄な動きをしないように感受して行うコントロールの効いた動きがマノスベであって、生命力を鍛えることになります。

動きの真ん中で、受けはその腕を掴みます。動きを止めることができずに、そのまま腕や体が運ばれます。

取りは左腕を柔らかく差し出します。受けはその腕を掴みます。掴まれた箇所をしっかりと感じた上で、肩から動かして腕を左方向に回すと、受けは取りの後方に飛ばされます。

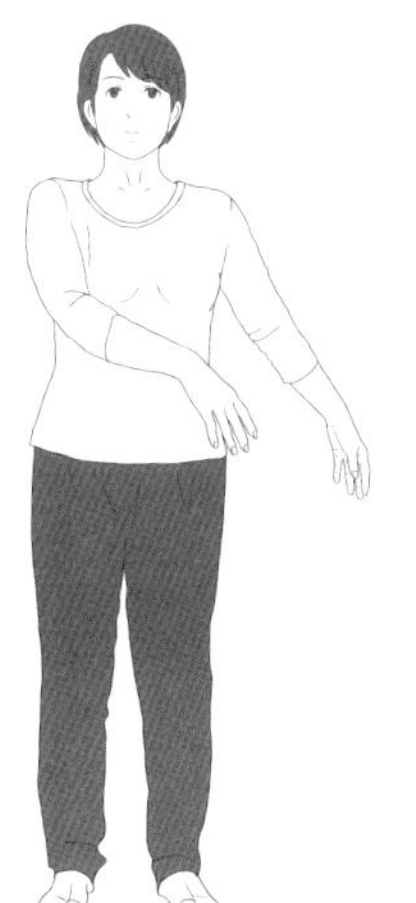

股関節から足がぶら下がったように立ち、体軸を中心に力まずに両腕を回す。

足が腰幅に定まっていれば、もしその腕を受けが掴んでも軽く動かせる。

腕を前後に動かすスワイショウ

マノスベの姿勢で立ち、腕を前後に振ります。振るというよりも、丁寧に等速度で運ぶという方が適切です。手先から動かさずに肩から動かします。脇の下は開いておきます。手先がお臍（へそ）の高さ、背後も同じ高さになるように振ります。背後は鏡等で見て確かめましょう。鼠径部が緩めば後方にも楽に腕を運べます。

また、肘の角度も変わらないように感受しながら運びます。ぶらんと振って肘の角度が変わるとしたら、それは無意識、無造作に振っているからでしょう。腕の動きを感受して動かせば、肘で折れずに動きます。これは、毎

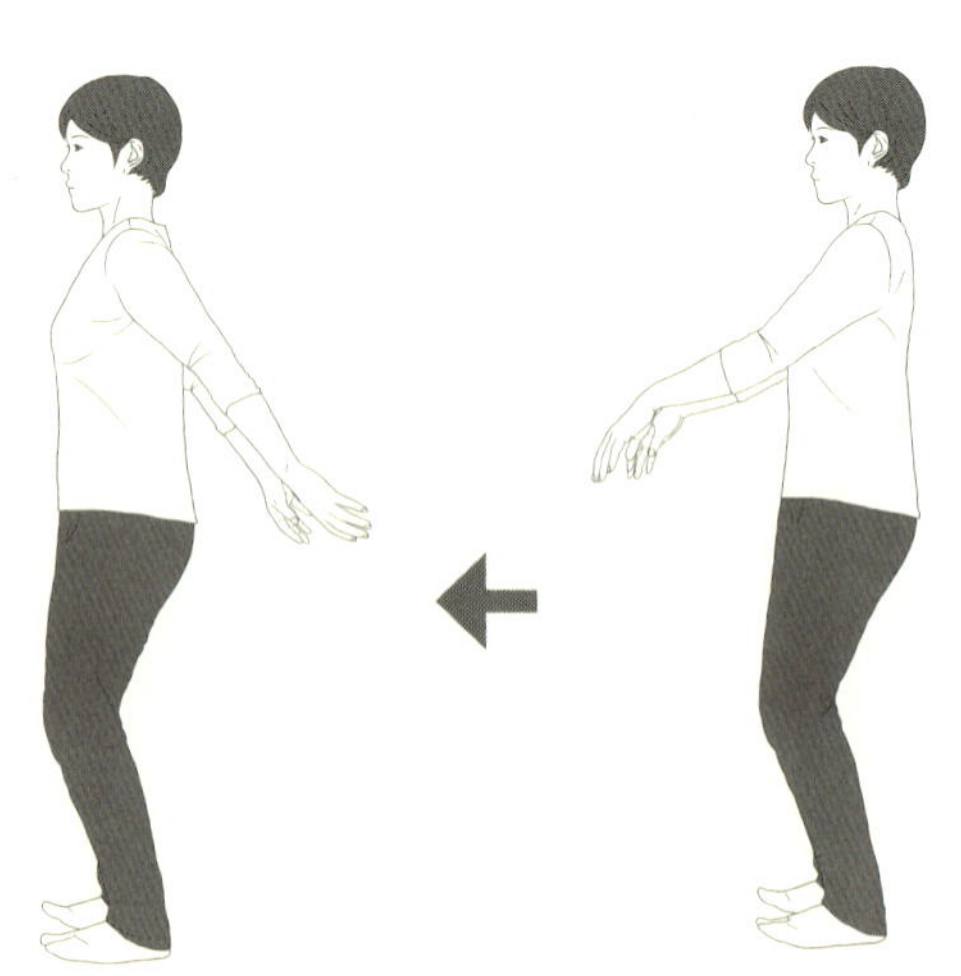

肩と胸を分離していれば、もしその腕を受けが掴んでも軽く動かせる。

マノスベの姿勢で立ち、腕を肩から等速度で前後に動かす。

分30回以下を目安にゆっくりと、等速度で動かすようにします。胸を上げて肩と胸を分離しておけば、腕を後ろに運んでも肩が上がらずに振ることができ、体も前後に揺れません。

また、肩甲骨は閉じたり開いたりせず、閉じたまま腕を前後に運びます。前後に振るだけですから肩甲骨を開閉する必要はないのです。このスワイショウでも、細胞が協調して動くためには、余計な動きをしないことを稽古しています。細胞同士が協調して動くときは、不思議な統一感が生まれます。この統一感の中で魂合氣を行うことが上達する秘訣となります。

受けは、動きの真ん中で取りの腕を掴みます。動きを止めることができないばかりか、腕や体が運ばれてしまいます。

足先で蹴らないで歩く

足先で地面を蹴る歩きの場合、蹴る足は斜めに傾きます。その斜めに傾く足に上体が乗って動くため、このときにバランスが前に崩れてつまずきやすくなります。

片や、風帆の歩きは地面を蹴らないので、後方の足が斜めに傾くことも普通はありません。鼠径部を緩めて足を送り出すときに、軸足の下腿(かたい)（膝から足首の部分）は、ほぼ垂直を保ちます。送り出した足の踵の際(きわ)が着いた瞬間に体重はその足に移り、斜めから垂直に移行する足に乗って上体が運ばれます。後方にある足は送り出した足の踵が着いた瞬間、地面を離れるので、常に1本足歩行になります。

現代人の歩き方が、蹴る足に乗って運ばれるのを仮に後輪駆動と呼ぶならば、送り出した足に乗って運ばれる風帆の歩きは前輪駆動といえるかもしれません。前輪駆動であれば、つまずいたとしても転ぶことはないでしょう。

地面を蹴って歩くと軽くなります。これはカムウツシ・アマウツシが少ないからです。少ないから、下半身まで氣が満ちない（カムミが集まらない）のです。風帆の歩きならば足先まで氣が満ちるので転ぶこともありません。

風帆の歩きは魂合氣の術に必須

「風帆（ふうはん）の歩き」は、その上の腰（神輿（みこし））も、頭（かしら）（ご本尊）も、上下に揺れることなく大切に移動させることができます。つまり、足と上体を分離させています。江戸時代と同じ近世社会において、駕籠（かご）という乗り物があったのは世界史的にも日本だけです。それは、客が心地良いように駕籠を揺らさず運ぶことができたからでしょう。

風帆の歩きは、マノスベの姿勢を保つようにして歩きます。鼠径部を曲げて足を出すので鼠径部も柔軟になります。鼠径部が緩めば、押されてもつまずいても転びません。カムウツシ・アマウツシによって必要なエネルギーの補給があるので、風帆船のようにスーッと後ろから押されて歩く感じがします。

「数十年前に教わった茶道の歩きと風帆の歩きは同じですね」と、ある茶道の先生から聞きました。日常的に着物（和服）を着ていた時代までは続いていた歩きも、靴の普及によって途絶えてしまったのです。

風帆の歩きでは、体が上下、前後左右に揺れずにスーッと移動できます。これは、骨盤の動きで揺れを吸収しているのですが、このときの骨盤の動きは、次項「寝て股関節の自然な動きを覚える」に記しました。

風帆の歩きで注意すること

◆密息で歩きます。息を仙骨に下ろすときに骨盤が下がり、仙骨周りが広がります。吸氣の長さは歩数とは関係ありません。適宜(てきぎ)調整してみてください。骨盤を戻せば呼氣になります。

◆鼠径部で折り曲げて足を運びます。

◆前傾姿勢にならないように上体を立てて歩きます。必要があって前傾する場合は、鼠径部から曲げて上体を倒します（お腹が縮むように曲げないこと）。

◆「踵の際」で立つ時間を（下腿が垂直になるまで）長くすると前進力が強まります。

◆「踵の際」とは、踵後部の底面ではなく、着地したときに、足先が5センチメートル程度上がった角度で着地できる位置のこと。

◆足を引き上げるときは、なるべく足裏を地面と平行にして、後方の人には足裏を見せないように地面から離します（蹴らないためです）。

◆足先で蹴らないように。また、足先に体重が掛からないように感受して歩きます。

◆足を運ぶときは、足を甲側に反らして（背屈させて）歩く。足先の着地を押さえるためです。

◆足は高く持ち上げず、地面すれすれで踵を摺（す）るように歩きます。

◆歩き幅は40センチメートル以下にして大股にしないこと。

◆手は振らないこと。歩きに伴って自然に振れるだけです。

◆後ろから仙骨を押されているような意識で歩いてみてください。

◆また、足先の開きは、男性の場合は平行に、女性の場合は、少し開いていても骨盤との関係性から構わないようです。

◆この歩きは腿の前側ではなく、ふくらはぎ

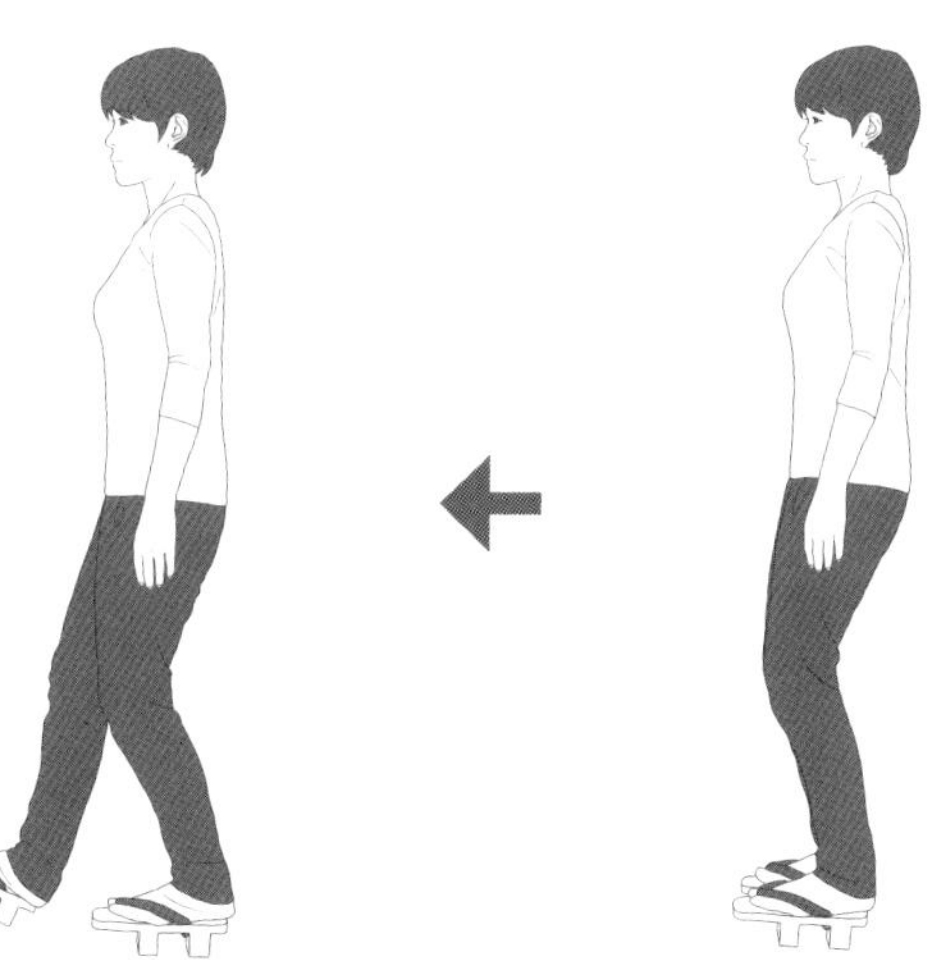

風帆の歩きに際し、上体を立て、鼠径部を緩めておく。

足先に体重が掛からないように、踵を摺るように歩く。

（こむら）の筋肉を効率良く使うので、ふくらはぎに質の良い筋肉が付いてきます。

下駄で歩くときの注意

◆鼻緒の先には指の股半分までを入れます。深く入れると歩きが悪くなります。
◆鼻緒はきつく挿げないこと。締め付け感のない方が歩きやすくなります。
◆下駄の先端が地面に触れないように、氣をつけて歩きます。
◆風帆の歩きは、下駄の面と踵がぴったり離れずに着いたままで歩けます。

寝て股関節の自然な動きを覚える

歩くときは足先からでなく、股関節がまず動くのが自然です。動く切っ掛けとなる股関節の動きを知っておきましょう。

両踵を壁に着けて仰向けに寝ます。そして左右の踵で交互に壁を押します。踵で押すことで骨盤が傾き、反対の足が壁から離れます。これを繰り返します。

この動きが身に付くと、前に運んだ足の「踵の際（きわ）」が着くと同時に反対側の足が、自然に（重さを利用して）引き上がり、常に片足立ちの歩行ができます。

途中で、こんなことを試してみましょう。

両踵を壁に着けて、足を揃えておいて片足を10センチメートルほど上げてみましょう。このときの重さを覚えてください。

次に左踵で壁を押しつけます。すると右踵が離れます。この右足を上げてみてください。揃えて上げたときよりも、ずっと軽く上がるでしょう。

歩くときも、右踵が着地した瞬間に、左股関節が僅かに上がります。この僅かな動きのおかげで楽に歩けるのです。すると、頭が上下に振れたり左右に動いたりもしなくなります。

これによって、まず股関節から動くことになります。腰を振るなどの無駄な動きがなくなれば、疲れずに遠くまで歩くことができます。

股関節から振って歩きを変える

片足を振りやすいように、立つ方の足を板の上に乗せるか、あるいは階段などで横向きになって片足で立ちます。ぶらんと下げた片方の足を股関節から前後に振ります。足先から振る癖をなくして股関節から振る稽古です。振り子が振れているように、力みなく振ります。

左右とも行ったら、この成果を次のような方法で試してみましょう。

受けは、指先を上に向けて両手を差し出して、しっかりと立ちます。成果を試す取りは、指先を下に向けて両腕を差し出し受けに向かって歩いていきます。手

の甲で受けの掌に触れたら、そのまま通り過ぎる氣持ちで前進します。受けを力みなく押せればＯＫです。

次に、取りは、電車ごっこの遊びのように、ロープの両端を腰から後ろに回します。その両端を受けが掴んでしっかりと立ちます。そこで取りが歩き出しますが、受けが楽に動き出せばＯＫです。

二つとも脚を振る前には受けを動かせなかったとしても、振った後では動かせます。歩きの質が良くなったからです。鼠径部が柔らかくなり、股関節から動くことで、これほどの違いが出るのです。そして、振る稽古をした後は、氣持ち良く歩けると感じられるでしょう。

さらに、踵が着地した瞬間に、反対の足の股関節が僅かに上がっていることにも氣がつくでしょう。

柔軟な心と体を身に付ける

日本人は本来アワ性が豊かで、オホの示す方向に素直に生きていました。自然さを大切にするアワ性の心を持って生きていました。こうしているとカムウツシ・アマウツシが豊富になり、その人に必要なイマが生じることを感受していました。

素直とは、ありのままで自然な心、アワ性の心を持つことです。

「和を以て尊しとなす」という聖徳太子の言葉がありますが、和はやわらぐとも読みます。和とは「固まっているのではなく、調和し融合した状態であって、自由に独立、発生、凝縮し、膨張するものであり、豊かな融通性をもった柔軟な状態」をいいます。これがアワ性です。

身に付けていただきたいのはマノスベの姿勢ですから、それが他の先生方から習うことと違っていて当然です。ところが、「顎を上げてください」と言うと、「顎は引くようにと教わりました」と言う方がいます。実際、腰を反らせた姿勢では、顎を引く方が楽だからです。

多くの習い事では、「足先重心が良い」あるいは「足先の両端と踵の3点で立つことが良い」等と教わりますが、「踵重心（きびす）」をいう人は誰もいません。外国の姿勢には、踵重心などあり得ないからです。

しかし、日本には「踵を返す」（引き返すこと）という言葉があるように、踵に重点を置いていていました。踵という字でさえ、重さを掛ける意味になっています。さすがと思いましたら、この文字は日本で作られた文字です。中国には踵の字はなく、ここを足根、脚根といっています。

キビスという言葉からは「ヒが発生して飽和する素」といった意味が連想できます。

「踵に重心を掛けて歩くと、腰に負担が掛かる」という先生もおられますが、それは腰を反らせて鼠径部が固いからであり、わざわざ足を高く上げて、そこから落として蹴る歩きをするからで、要は、外国的諸要素の中ではそうなるのです。

「すり足ではつまずくから足を高く上げましょう」といって、バリアフリー工法が奨励されていますが、これは靴が普及したことで、蹴る歩きになってしまったからです。それゆえに、今までは不必要だったものが必要となりました。

S字の背骨では「きをつけ！」の姿勢で足先重心となり、体全体が前傾姿勢になります。前傾していれば、それだけでも体の前面が緊張します。前面の緊張は鼠径部の緊張、腕の緊張になります。体が緊張すれば柔らかい歩きができず、某国軍隊の儀仗隊パレードのような固い歩きになります。蹴る歩きでは柔らかな正中線もできず、アマウツシも豊富になりません。アマウツシとはアマココロのウツシであって、アマココロが満たされなければ、心が満たされた感じがないのです。

腕に触れて崩す術

受けは、左手を取りの肩に乗せます。取りは浮力の生じた右手を浮き上がらせ、受けの腕の肘の辺りに上から掌を近づけて極々柔らかく触れます。すると、受けは腰から崩れ落ちます。手は上げるときも下ろすときも等速度で動かします。特に上げる際には、ふんわりと上げていくことで術の効く手が生まれるのです。肩甲骨の下側を寄せていること、あくまでも力を抜いてとろんとして立つこと。それには、フーと少し息を吐いて体を緩めることもお勧めします。腰幅で立つことも大切です。足先が浮く足幅を探して立ってください。

例えば、掴みかかる受けの腕に軽く掌を触れます。受けは腰が抜けてその場に崩れます。動いている受けの腕に柔らかく触れることは難しいと思うでしょうが、繊細で精妙な仕草によって効くのです。

踵に重心が掛かっていること、肩甲骨を寄せていること、脇の下は開いていること等を氣配りしてください。やる氣が出ると。途端に術は効かなくなります。

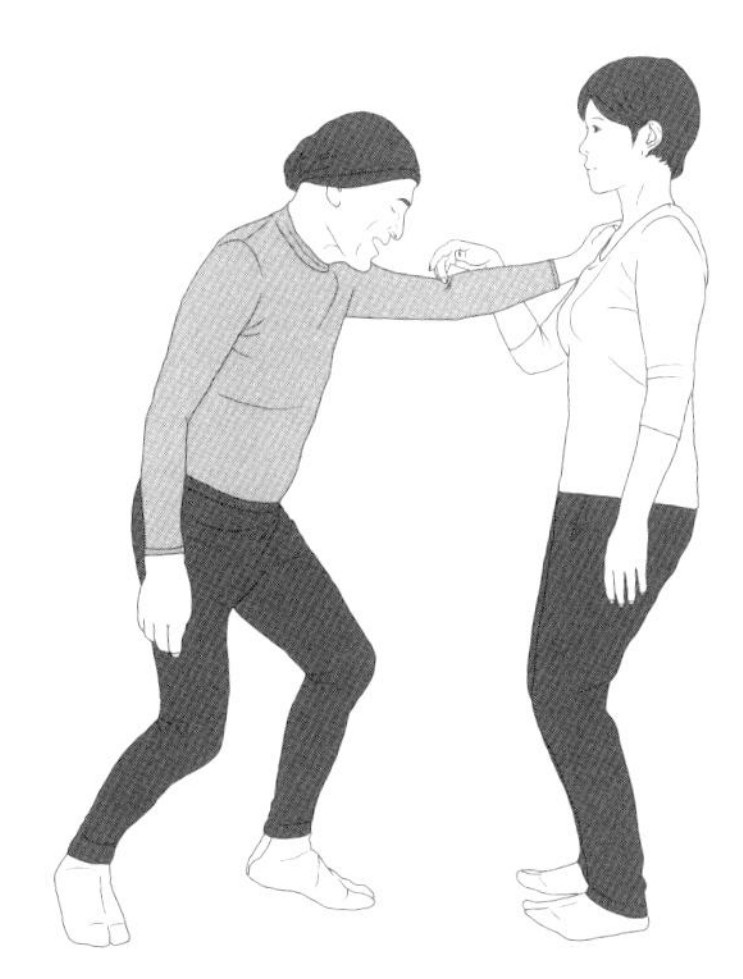

取り（右側）は右手を浮き上がらせ、肩に乗せられた腕に柔らかく触れる。

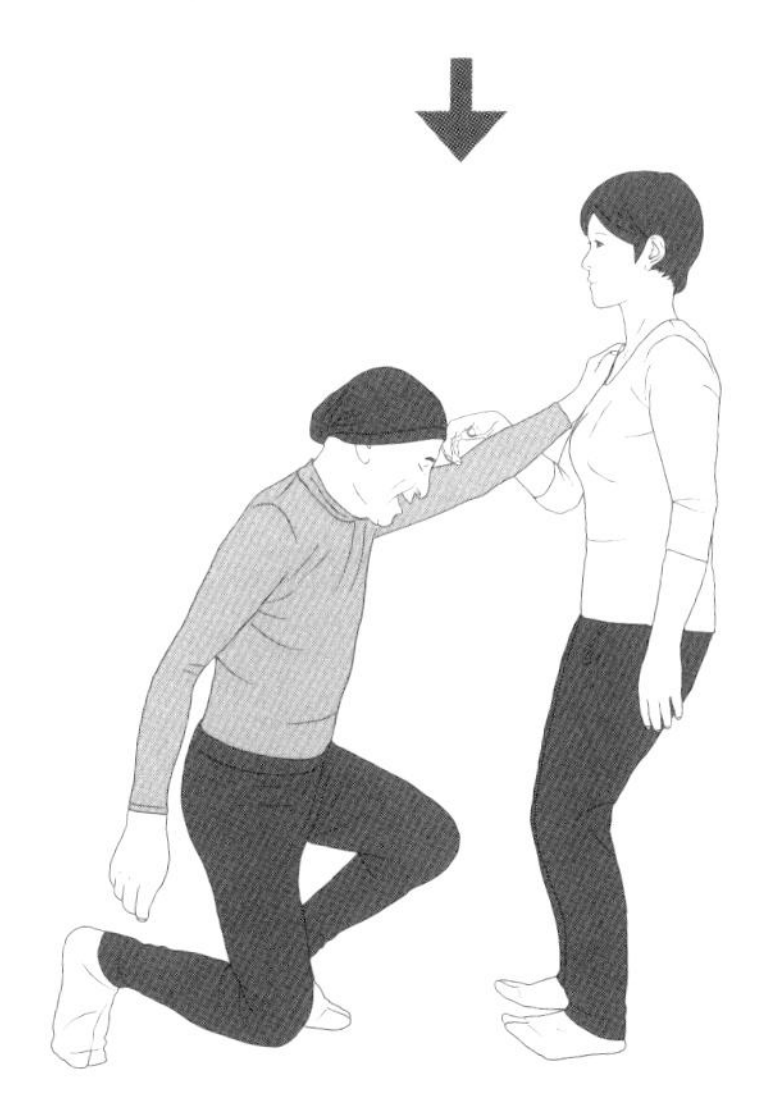

取りが体を緩め、力を抜いて右手を乗せると、受けは下に崩れ落ちる。

腕に触れて崩す術（別バージョン）

向き合って立ち、受けは取りの両肩に手を乗せます。取りは、右腕をスッと上に伸ばします。上腕は水平に前椀は垂直になります。掌は手首から曲げて下向きにかざします。それから、肩の力を抜くことを切っ掛けにして前腕を真っ直ぐに下ろします。そのときに前腕の掌側、つまり柔らかく膨らんだ部分を受けの腕の側面（肘の辺り）に、触れるか触れないかの微妙なタッチで、すれすれにゆっくりと等速度で下ろします。腕の側面がセンサーです。掌が受けの腕に触れる辺りまで下りると、受けは腰から崩れ落ちます。

肩甲骨の下部を寄せると顎が上がりますが、こうしておくと、肩から先に腕をゆっくりと下ろしやすくなります。ニコニコして、羽衣の布が揺らいでいるかのような氣持ちで行うと、腕の力を完全に抜くこともできます。

要点は、感じることと、腕に働きを任せて力を抜いて無心で行うこと。

私も説明をしながら行うと効かなくなります。頭を使うと、自然な動きができなくなり、肩から先に下がらなくなります。微妙な時間差ですが、無心になって、ちょっと息を吐き、それを切っ掛けにして肩から先に下ろしてみましょう。

空の巻

オホに守られている体

天佑（てんゆう）の言魂（ことだま）を秘めた47音

カタカムナ文化は、健康に命を持続する術（すべ）の悟りです。命は生物にとって最も大切なものです。フトマニとは「正反が重合し調和することで、新たな命や大きな力を生み出すこと」でした。例えば、水素と酸素が結合すると水ができますが、そのときに大きなエネルギーが発生します。このような化学反応も含めて、フトマニは万象万物に当てはまる原理ですが、これが言葉にも当てはまります。

上古代人は、父音（ふいん）と母音（ぼいん）を組み合わせて言葉を発することをしました。アヒル文字にそれが残されていたので、発音を知ることができました。

父音母音子音の発音法（アヒル文字）をご覧ください。父音母音を調和させて47個の子音が生まれています。父音と母音を合わせた3音の発声音をカタカナで表しましたが、このように発声したときに、想像すらしなかった力があることを発見しました。

「敷島の大和（やまと）の国は言魂（ことだま）の佑（さき）はふ国ぞま福（さき）くありこそ」。万葉歌人、柿本人麻呂が、日本は言魂に佑（たす）けられて（天佑（てんゆう））栄えているという思いを歌ったのも、もっともなことなのです。

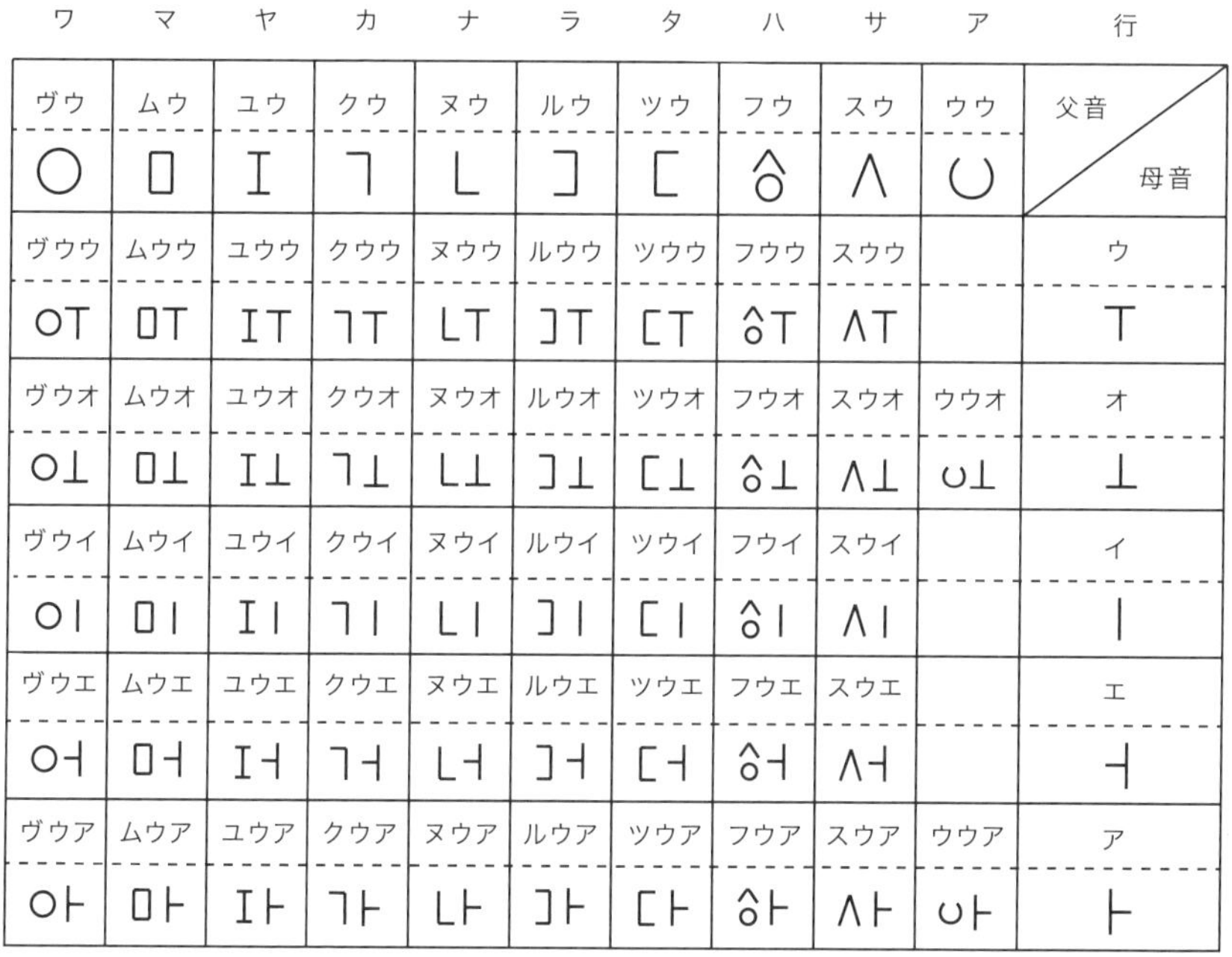

ワ	マ	ヤ	カ	ナ	ラ	タ	ハ	サ	ア	行
ヴウ	ムウ	ユウ	クウ	ヌウ	ルウ	ツウ	フウ	スウ	ウウ	父音／母音
○	ㅁ	I	ㄱ	ㄴ	]	[	ㅎ	Λ	∪	
ヴウウ	ムウウ	ユウウ	クウウ	ヌウウ	ルウウ	ツウウ	フウウ	スウウ		ウ
ㅇㅜ	ㅁㅜ	Iㅜ	ㄱㅜ	ㄴㅜ	]ㅜ	[ㅜ	ㅎㅜ	Λㅜ		ㅜ
ヴウオ	ムウオ	ユウオ	クウオ	ヌウオ	ルウオ	ツウオ	フウオ	スウオ	ウウオ	オ
ㅇㅗ	ㅁㅗ	Iㅗ	ㄱㅗ	ㄴㅗ	]ㅗ	[ㅗ	ㅎㅗ	Λㅗ	∪ㅗ	ㅗ
ヴウイ	ムウイ	ユウイ	クウイ	ヌウイ	ルウイ	ツウイ	フウイ	スウイ		イ
ㅇㅣ	ㅁㅣ	Iㅣ	ㄱㅣ	ㄴㅣ	]ㅣ	[ㅣ	ㅎㅣ	Λㅣ		ㅣ
ヴウエ	ムウエ	ユウエ	クウエ	ヌウエ	ルウエ	ツウエ	フウエ	スウエ		エ
ㅇㅓ	ㅁㅓ	Iㅓ	ㄱㅓ	ㄴㅓ	]ㅓ	[ㅓ	ㅎㅓ	Λㅓ		ㅓ
ヴウア	ムウア	ユウア	クウア	ヌウア	ルウア	ツウア	フウア	スウア	ウウア	ア
ㅇㅏ	ㅁㅏ	Iㅏ	ㄱㅏ	ㄴㅏ	]ㅏ	[ㅏ	ㅎㅏ	Λㅏ	∪ㅏ	ㅏ

父音母音子音の発音法（アヒル文字）

〈発表元：魂合氣研究会〉

ウ音がモノを生み出す

数千年前の日本の歴史をヲシテ文字で記した「ホツマツタヱ」という七五調の叙事詩があります。七五調にはカタカムナ時代から受け継がれた日本語特有の心地良さがあります。次頁のヲシテ文字によるフトマニ図をご覧ください。四重に重ねられた円の真ん中には、胎児を象徴するような図を挟んでアワ（左）回りの渦と、サヌキ（右）回りの渦が描かれていますす。これでアウワと読みます。これを見たときに「アワ性の大切さ、万物はアワ（左）回りとサヌキ（右）回りでできている。音の間にウが入ることの大切さ」等を抽象化した図だと思いました。ウ音を挟んで発音をすればフトマニの力が生まれることが、奇しくもここに示されていたのです。

カタカムナにウマシという言葉がありますが、ウは生まれる、動く、映すなど状態が変化することを意味した特別な音なのでしょう。

「ホツマツタヱ」のフトマニ図

ヲシデ文字によって、日本語の48音（ンを含む）を神として祀った図。

天佑の発音法が記されていたアヒル文字

日本語の47音（ンを含めた48音）には、人智を超えた法則性をこれまでにも感じていましたが、発音にも法則が組み込まれていたことには感動しました。日本文化の歴史は数万年と長いこともあって、各時代に作られた古代文字は30種類以上にものぼります（『日本神代文字　古代和字総観』吾郷清彦著、大陸書房）。その中でもアヒル文字は、カタカムナ時代の後に作られた最古に近い文字です。アヒル文字は、天佑の発音法を表す目的から作られたように思います。

再び父音母音子音の発音法（アヒル文字）をご覧ください。現在のア行に当たる箇所には、アとオしかありません。消えたイウエはどこにあるのかと探すと、イとエはユウ行（ユヨイエヤ）の中に、そしてウはヴウ行（ウヲヰヱワ）の中にありました。ワ行には、戦後に廃止されたヰ（ヴウイ）とヱ（ヴウエ）も入っています。これをふまえて、イロハ祝詞（のりと）とヒフミ祝詞の古代発音表も順に載せます。

イロハ祝詞

イロハニホヘト
チリヌルヲワカ
ヨタレソツネナ
ラムウヰノオク
ヤマケフコエテ
アサキユメミシ
ヱヒモセス

ヒフミ祝詞

ヒフミヨイムナ
ヤコトモチロラ
ネシキルユヰツ
ワヌソヲタハク
メカウオエニサ
リヘテノマスア
セヱホレケ

ヴウエ	ウウア	ユウア	ルウア	ユウオ	ツウイ	ユウイ
	スウア	ムウア	ムウウ	ツウア	ルウイ	ルウオ
フウイ	クウイ	クウエ	ヴウウ	ルウエ	ヌウウ	フウア
ムウオ	ユウウ	フウウ	ヴウイ	スウオ	ルウウ	ヌウイ
スウエ	ムウエ	クウオ	ヌウオ	ツウウ	ヴウオ	フウオ
	ムウイ	ユウエ	ウウオ	ヌウエ	ヴウア	フウエ
スウウ	スウイ	ツウエ	クウウ	ヌウア	クウア	ツウオ

イロハ祝詞の発音法（アヒル文字）

〈発表元：魂合氣研究会〉

スウエ	ルウイ	ムウエ	ヴウア	ヌウエ	ユウア	フウイ
서	리	머	아	너	Iㅏ	히
	フウエ	クウア	ヌウウ	スウイ	クウオ	フウウ
	허	가	누	시	고	후
ヴウエ	ツウエ	ヴウウ	スウオ	クウイ	ツウオ	ムウイ
어	더	우	소	기	도	미
フウオ	ヌウオ	ウウオ	ヴウオ	ルウウ	ムウオ	ユウオ
호	노	ᴗㅗ	오	루	모	Iㅗ
ルウエ	ムウア	ユウエ	ツウア	ユウウ	ツウイ	ユウイ
러	마	Iㅓ	다	Iㅜ	디	Iㅣ
	スウウ	ヌウイ	フウア	ヴウイ	ルウオ	ムウウ
	수	니	하	이	로	무
クウエ	ウウア	スウア	クウウ	ツウウ	ルウア	ヌウア
거	ᴗㅏ	사	구	두	라	나

ヒフミ祝詞の発音法（アヒル文字）

〈発表元：魂合氣研究会〉

天佑の発音で魂合氣を試してみる

天佑の発音でイロハとヒフミを毎朝唱えている人たちより「半年過ぎた頃から、あんなにキツかった仕事が全く疲れなくなりました」「困った出来事が幸運に変わり、都合良く現象が起きるようになりました」「声が太くなり、氣力が高まってきました」「付き合い難かった人も、親切にしてくれるようになりました」等、様々な報告がありました。昔の日本人のスタミナ源は、このような父母音のそろった子音の力によるフトマニ（対向発生）にあったのでしょう。何が変わるかは人によって異なりますが、心身が整うこと、場が清涼に感じられることは共通して体験できるでしょう。

次のことを試してみると、天佑の発音効果の一端が分かります。

膝を立てて座っている人の手を持って立たせる

普通に持ち上げようとすると、床の上等ではお尻が滑って立たせることができません。「ユウイ、ルウオ、フウア、ヌウイ、フウオ」と唱えてから試すと、容易に立ち上がらせること

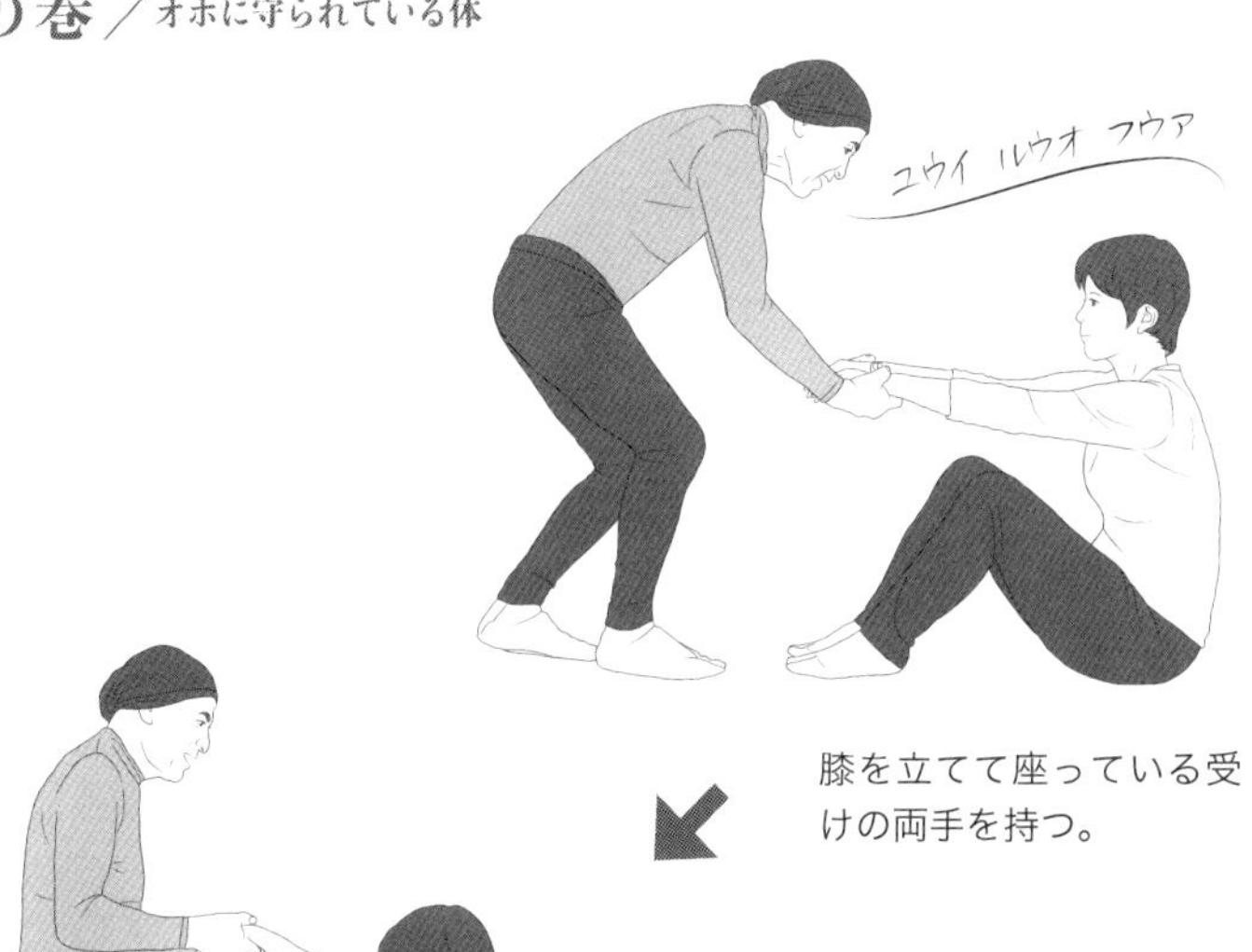

膝を立てて座っている受けの両手を持つ。

「ユウイ、ルウオ、フウア、ヌウイ、フウオ」と唱えて持ち上げる。

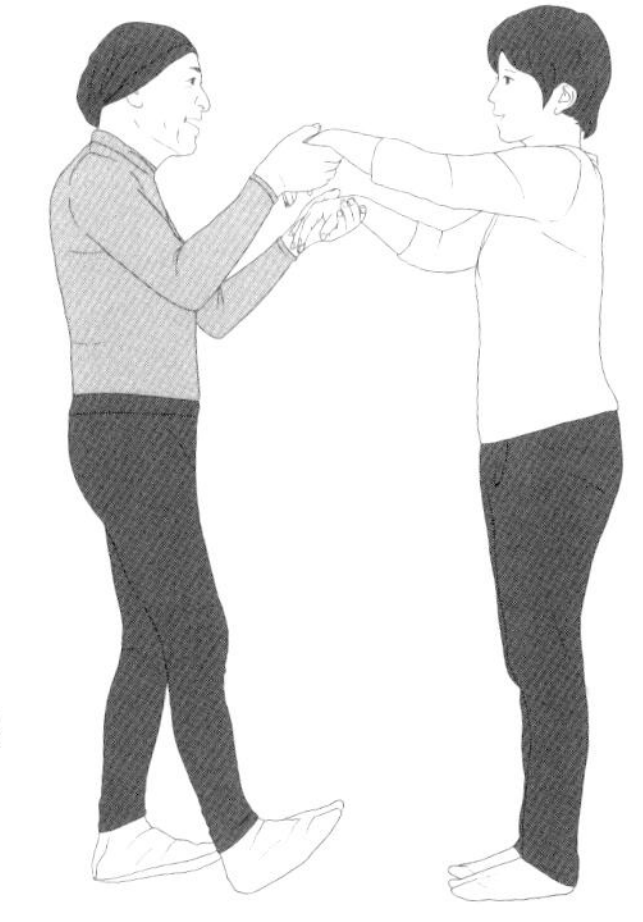

すると、簡単に立たせることができる。

ができます。

寝かせた人を起こす

首の根元に掌を上にして差し入れ、片手で起こします。普通は重くて起こせません。次に「ユウイ、ルウオ、フウア、ヌウイ、フウオ」と唱えてから腕を上げると、不思議に軽く起こせます。

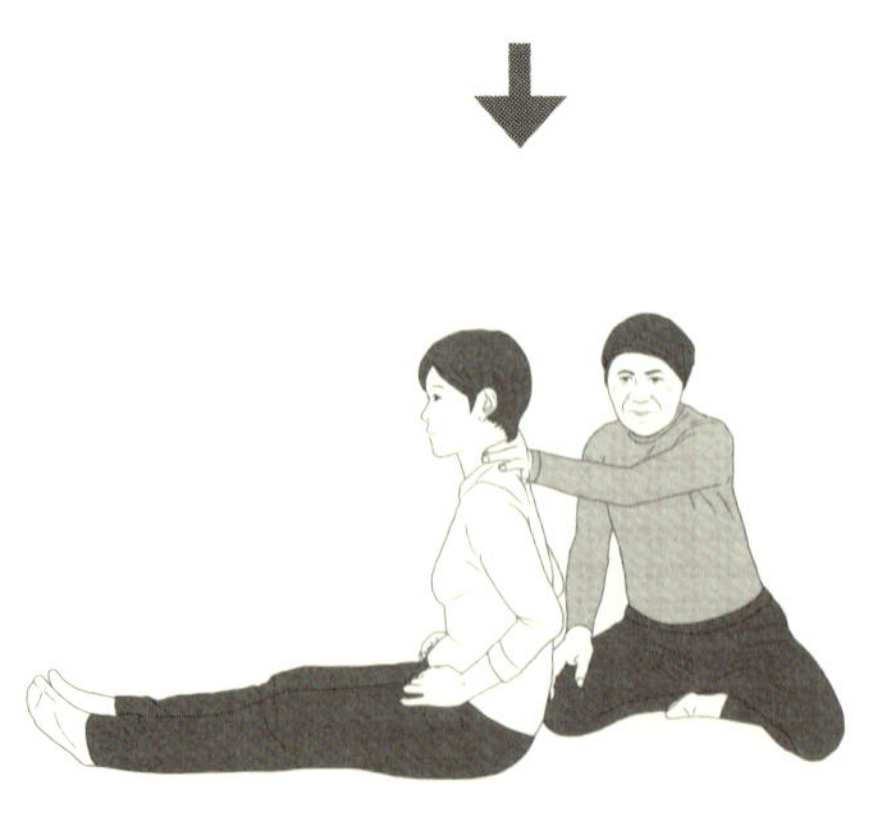

仰向けに寝ている受けの首の後ろに手を差し入れる。

「ユウイ、ルウオ、フウア、ヌウイ、フウオ」と唱えると、簡単に起こすことができる。

合氣上げを試す

取りは正座で座ります。鼠径部を押して、お尻を後方に移動させます。すると仙骨辺りの腰が丸くなります。仙骨を床に近づけるイメージで座ります。お腹と胸を上に伸ばします。肩を後ろにして、肩甲骨を寄せた姿勢です。手の甲を上に向けて、腿（もも）の上に置きます。

そして受けは取りの腕を押さえます。取りは「ユウイ、ルウオ、フウア、ヌウイ、フウオ」と唱えてから手を真っ直ぐに上げると、押さえた腕は楽に持ち上がります。

正座で両手を腿の上に置いた取りの両腕を、受けが上から押さえる。

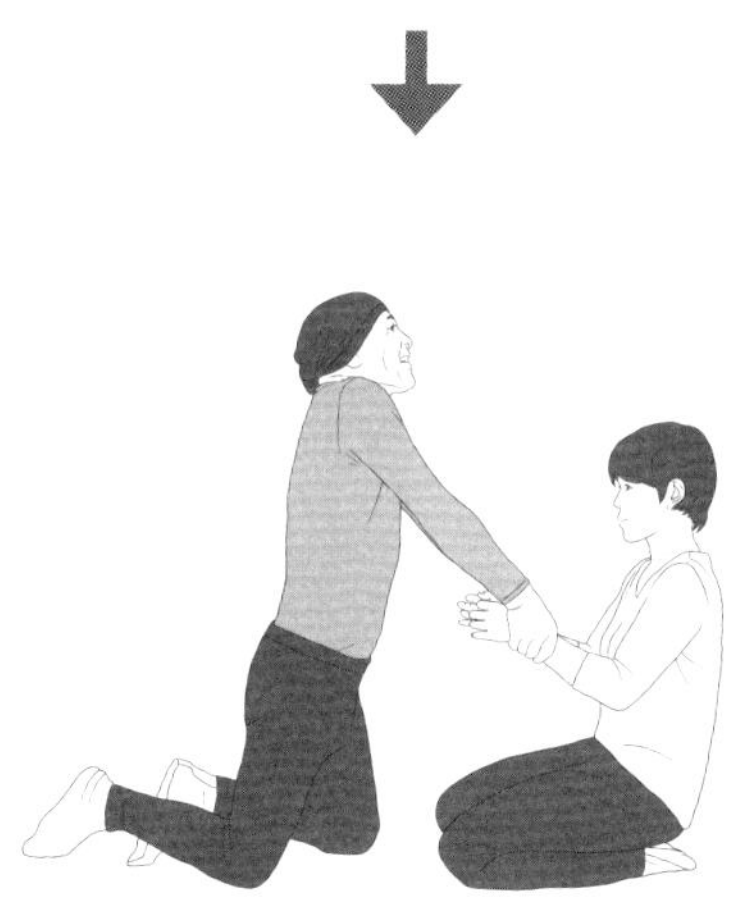

「ユウイ、ルウオ、フウア、ヌウイ、フウオ」と唱えると、簡単に持ち上げることができる。

立っている人を座らせる①

椅子の前に受けと並んで立ちます。「一緒に座りましょう」という意識を持って「ユウイ、ルウオ、フウア、ヌウイ、フウオ」と唱えてから、仙骨呼吸を行いましょう。吸った息を背骨側に通して仙骨まで下ろします。下ろしたときに、不思議ですが、受けは座わってしまいます。

なお、並んで立ったときに受けの手を肩に乗せてもらうと、さらに容易くなりますので試してみてください。

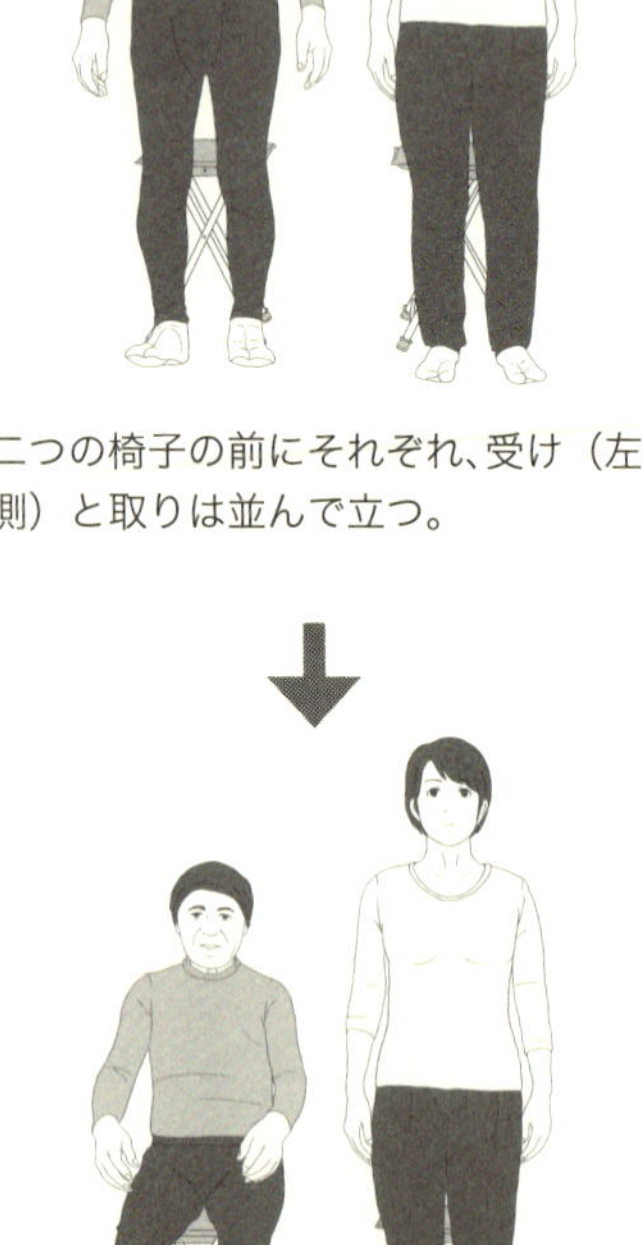

二つの椅子の前にそれぞれ、受け（左側）と取りは並んで立つ。

「一緒に座りましょう」という意識で「ユウイ、ルウオ、フウア、ヌウイ、フウオ」と唱えて息を仙骨に下ろすと、受けは座ってしまう。

立っている人を座らせる②

受けを椅子の前に立たせます。取りは受けの側面に向かって立ちます。

「ユウイ、ルウオ、フウア、ヌウイ、フウオ」と唱えてから、受けの胸板を両掌ではさみます。背中に向けた掌を、座りましょうという氣持ちでゆっくりと下げると、受けは自然に座ります。

このとき、マノスベの姿勢で無邪氣に行うのがコツです。あるいは、片手の掌を水平にして、受けの前方から下ろしても、背中側から下ろしてもできます。

ところで、『ユウイ』と一言発音するだけでも、体の変化が分かります」と、ある女性

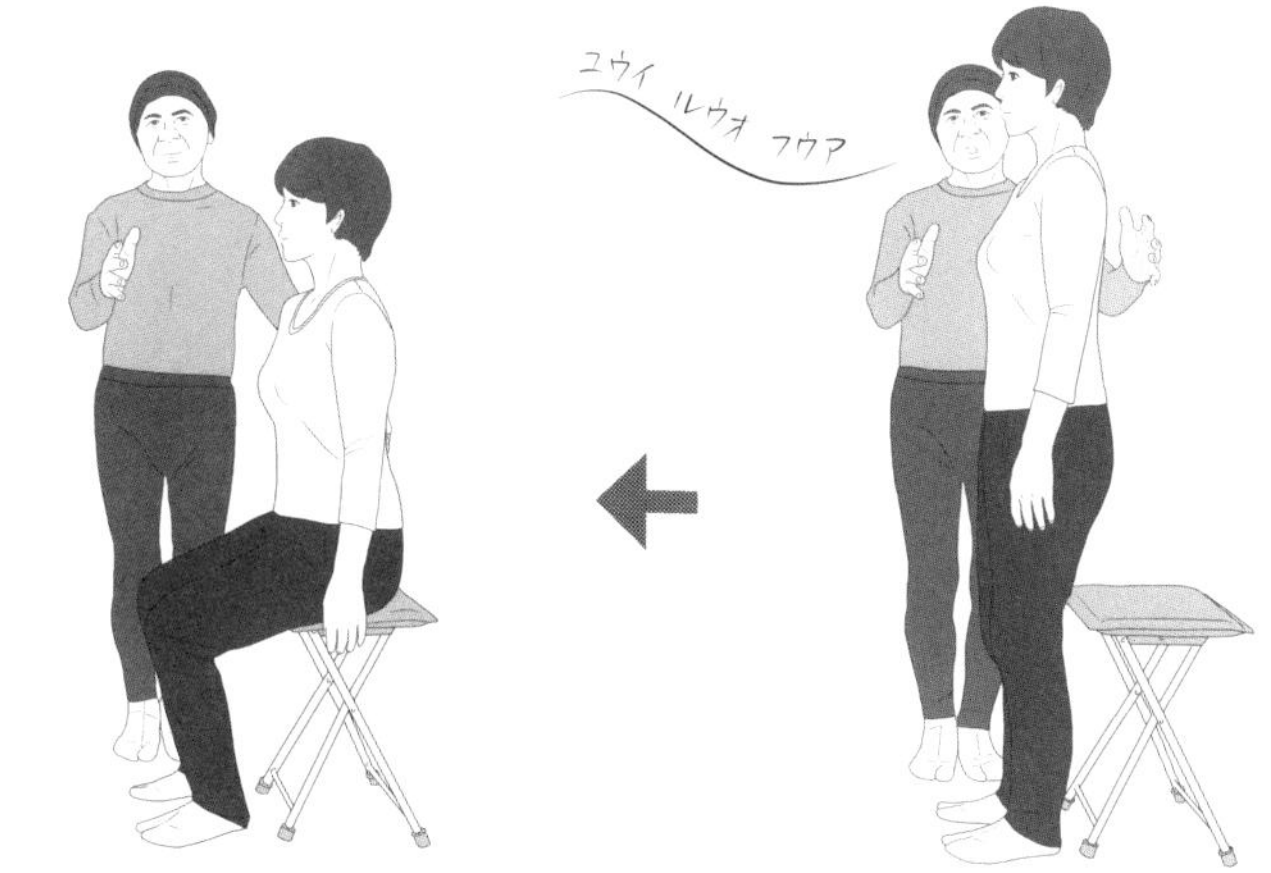

椅子の前に立った受けの側面に立つ。「ユウイ、ルウオ、フウア、ヌウイ、フウオ」と唱えて両掌で胸をはさむように触れずに置く。

「座りましょう」という氣持ちで背後の手を下げると、受けは座ってしまう。

が言いました。さすが、女性は感受性が高いと思いました。

そこで、言葉通り体に変化があるのか試してみました。まず、「ユウイ」と発音をする前に、その方を後ろから抱え上げると軽く持ち上がりました。次に一音発してもらいます。すると抱え上げようにも、今度は重くて持ち上げることができませんでした（これを試すときは、腰の辺りを抱え、ゆっくりと真上に上げてください）。

続いて、男性にも試してみました。発音をする前には、抱え上げることができました。しかし、「ユウイ」と一音発した後には上がらなくなりました。そこで「何か変化を感じましたか」と聞くと「分かりません」とのこと。本人が感じていなくても、確かに体は変わっているのです。

ちなみに、一般の蹴る歩きで数歩歩けば体は軽くなります。なぜなら、足先に体重が掛かるからです。そこで、歩いてから抱え上げたときと、発声してから抱え上げたときとの違いを試すこともできます。もちろん風帆の歩きなら、歩いても軽くなることはありません。

天裕の発音で、イロハ祝詞とヒフミ祝詞を唱えることで、マノスベの状態に調整されるだけでなく、オホとの共振波動を発信する体になるようです。これは姿勢を補（おぎな）って余りある効果といえましょう。

どのくらい重くなるかは人によって異なりますが、七歳の女子に「ユウイ、ルウオ、フウア」と唱えてもらい試してみました。すると、抱え上げることができなくなりました。

また、これとは違いますが、プロの舞踊家の方たちに二度ほど舞で試したことがあります。いずれのときも素晴らしい変化がありました。

まずは、普段通りに舞ってもらいました。さすがに完璧で、非の打ち所がありません。次にイロハ祝詞を唱えてから舞っていただきました。すると、光か何かが舞っているようで、人間が舞っている感じがしません。このように、次元が変わったように見えたのは初めてでした。一緒に見ていた方々も、「最初も素晴らしいのに、祝詞の後は全く違った舞を見るようです」といった最高級の言葉で変化を語ってくれました。

舞われた方も、舞っていて大きな変化を感受していました。「これからは舞う前に唱えることに致します」とのことでした。

イロハとヒフミは祝詞の根本

『神から人へ　質問集（四）』一二三朋子著の二〇〇〇年五月七日には、次のような言葉があります。

「なれど、最も強き言霊、霊力持つは「いろは」と「ひふみ」。その二つこそ、神に捧げる全ての大本、根本なれば。「あわうた」そも正しく唱え、心高める言霊なれど、「いろは」「ひふみ」に及ぶものなし。なれば、人の間に広く伝えるべきは「いろは」なり。あるいはまた「ひふみ祝詞」そを伝えゆけ」（略）「いろは」と「ひふみ」を忘るるなかれ。神と交信せんための、最も易しき祈りなれば」

また、『神から人へ　質問集（三）』二〇〇〇年四月四日には、次の言葉があります。

「ではそなたに、最後の一つ、教えてゆかん、言霊的なる解釈を。またその真義を、奥の意味を。

先ずは「いろは」の意味なれど、かつてそなたに教えしように、古代「いろは」は祈りなりき。神から人への願いを込めて、神が与えし祈りなり。

なれば人が神に祈りを捧げるときにも必要なりき。神の願いを受け入れしこと、神の教えを守りしことを、神に示すの意味なれば。

真の意味は、神意とは、神の願いを現すものなれ、この世が生まれて、滅びるまでの、永き仕組みを説くものなり。

人間心の浅知恵にては、世の人々の栄枯盛衰（えいこせいすい）、盛者必滅（じょうしゃひつめつ）、さらなる意味なれ、真の意味はさにあらず。真の意味とは、永遠の、栄えと発展、平和と豊かさ。何故逆に伝わりしか。そもまた神の意図なれば、真の意味を隠しても、人の間に伝わるように、神は易しきひらがなにて、弘法委ねて、書かせて伝えき。

弘法大師も、使いなれば、神の祈りを伝えんと、諸国を巡りて、その土地土地に、残して伝え、広げぬる。なれど残され、伝わらぬ、土地国ありき、残されき。其の地は遙か、北の国と、遠き南方、孤島なるらん。

なれば「いろは」を今の世に、伝わり残るを、伝えてゆけよ。神の願いを伝えてゆけよ。神の手となり足となりて、代わりに神の祈りを伝えよ。「いろは」の意味は、繁栄なれば、よく読み解して、汲み取れよ。言霊、必要、理解のためには、一つの音の言霊解せよ。

（略）

次に「ひふみ」も教えなん。これもかつて教えしように、人の願いの表れなれば、人は神へと祈りを捧げ、そのとき終わりに、誦すべきなり。さにて願いは届けられ、神へと通じて、叶う仕組みよ。

なれば今の世、「ひふみ」を忘れ、「いろは」も残らぬ、間違いならん。

間違い正すは大事なことなれ、そなたも氣を付け、正してゆけよ。

「ひふみ」の願いは、人の願い。神へと強く伝えんための、強き音霊、霊力ならん。

なれど、その意味、一音一音、知るには尚早、不足なるらん。

やがては自ずと分かる日あらん。そのとき待てよ、焦ることなし。」

（今「いろは」「ひふみ」について、何かなすべきことはあるでしょうか。）

「なれば一つを教えて委ねん。よくよく残して、伝えゆけよ。今ある神社の祝詞の中にも、書画にも残して、伝えてゆけよ。

歌にもなせよ、絵にもせよ。書にて残さば、伝わりゆかん、千年万年、残りてゆかん。」

（残すことで、人類、地球が救われるのですか。）

「さなり。人の口の端上る毎に、この世は清まり、高まりゆかん。音の清めも大事なれば、次なる世には、さらに広がり、日々の祈りとなるべきならん。」

般若心経は、大勢の方に読経や写経されていますが、このようにして伝わるならば、世の中も変わっていくでしょう。日本人には天佑の発音と共に、イロハとヒフミを大切にしていただきたいと思います。

天佑の発音で浮力を持った手を作る

マノスベの姿勢で立ちます。そして「ユウイ、ルウオ、フウア、ヌウイ、フウオ、フウエ、ツウオ」と唱えます。

少し待っていると、前腕に浮力が生じてきます。その浮力に任せてふわりと前腕を浮かせます。このとき逆に、肩や腰は下がる感覚があります。そして前腕が水平になった所で止めますが、前腕には浮力が残っていますから、その腕に触れた受けは、肩や踵がふわっと浮き上がります。

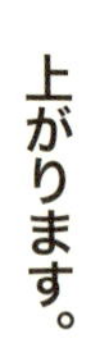

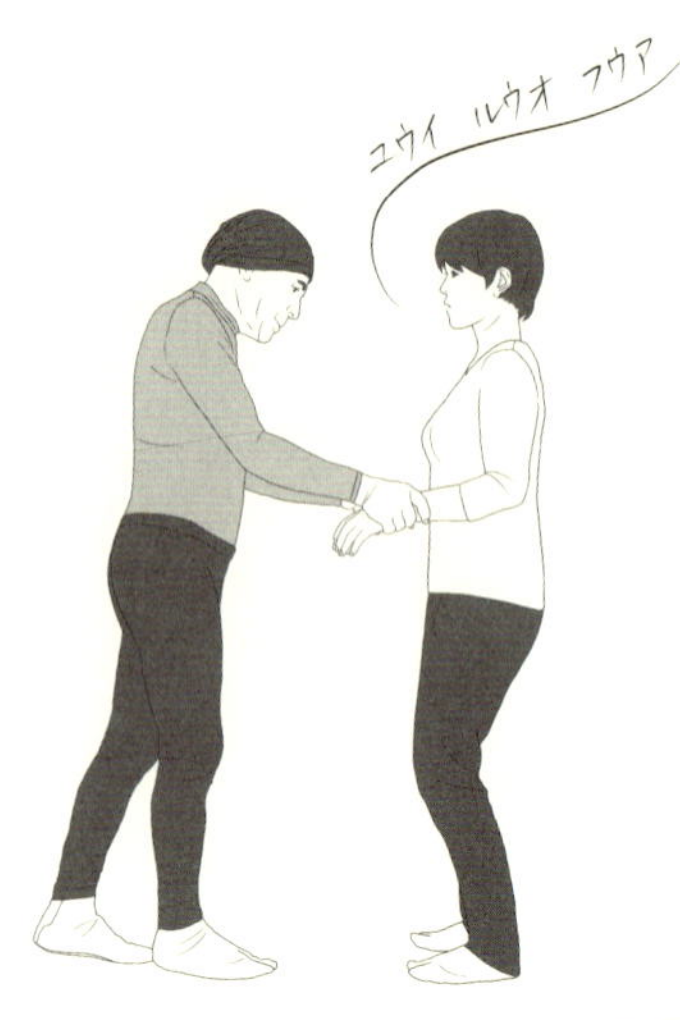

取り（右側）はマノスベの姿勢で立ち、「ユウイ、ルウオ、フウア、ヌウイ、フウオ、フウエ、ツウオ」と唱える。

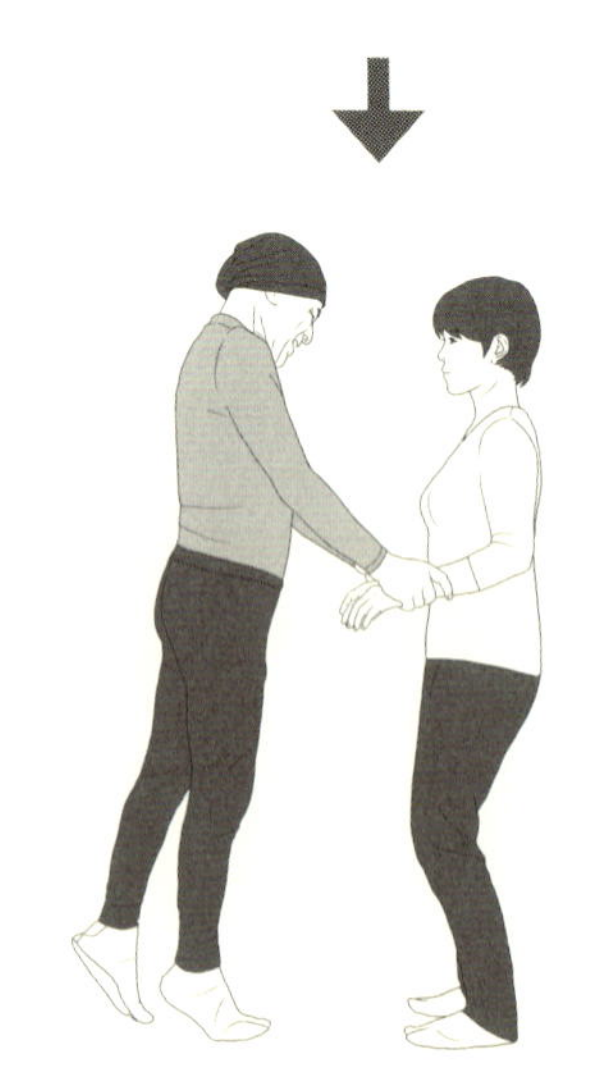

浮力が生じた取りの腕を掴んだ受けは、肩や腰が浮き上がってしまう。

大事なのは、受けに触れられたときに、手を僅かでも動かさないこと。上げようと思わないことです。体も心も動かさずに、統一感覚を持ってそれを保つことで「マに合った」現象が生じます。

天佑の発音によって、即座にマノスベの姿勢に調整されます。同時に、オホとの共振波動を受発信できる状態に調整されます。「ユウイ、ルウオ、フウア」だけでなく、47音のどの音で試しても構いません。七音でなくても、五音、三音でも大丈夫です。低音よりも高音で、力みなく心地良い音色で発声します。聞こえないような小声では効力がありません。「ユウイ」と明瞭に、長さも高さも均等に発声します。すると三位一体の力が出てきます。また、「ユーイ」「ルーオ」「フーア」と音を伸ばすのも力が出ません。ウを丁寧に発声することが大切なのです。

手に浮力が出た状態で、受けに掴ませた手をそのまま静かに下ろせば、受けは腰が抜けてその場に崩れます。下ろすだけでなく、どのように動かしても術になります。実は、腕を掴ませる前であっても、少し離れたところから「攻めるぞ」と構えを起こした受けは、踵がなぜか浮き上がります。魂合氣では腕を掴ませてから受けを転がすばかりではありません。受けが攻めようとした時点で崩れてしまうのは、人がオホの共振波動を通して結ばれているからです。

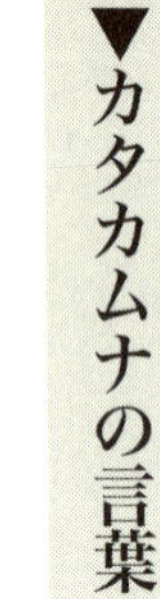

▼カタカムナの言葉

イカツオホワタ

イカツは命を構成する最小単位の電氣粒子のことです。オホワタツミは細胞ですから、細胞が元氣よく活動するためには、イカツが満ちていることが大切という意味のようです。

イヤシロチとは、このイカツがヤ（極限）まで示されて持続する場のことをいいます。イヤシロチバとは、電氣の力が持続している健康体のことをいいますから、これと同じ意味になります。

氣の意味

新陰流の祖、上泉伊勢守の元で修行し、後に「タイ捨流」を起こした丸目蔵人に次のような言葉があります。

「懸待一如、牡丹花下、睡猫にみるがごとし」

これは、牡丹の花の下で睡っている猫のように、やる氣を出さずにゆったりした心であれという悟りでした。

ちなみに、日光東照宮に飾られている名工、左甚五郎の彫刻作品「睡り猫」は、この「牡丹花下の睡猫」です。「タイ捨流」は体を捨てる意味ですから、心の業に通じます。

やる氣を出さずにゆったりした心など、常識的に考えると隙だらけだと思うでしょう。ところが実際には隙がありません。誰も打ち込むことができなかったと思います。

マノスベの姿勢で立ち、ある武術家に試してもらいました。体も心も静止し、無心で立ちます。すると「攻めようと思っても、入ることができません。無理に入れば、やられてしまうと感じます」との感想でした。

そこで、ほんの少し氣を前に出してみました。すると途端に「隙だらけになりました。いつでも打ち込むことができます」と言われました。

再び、何もしようと思わずに、じっと統一状態を感受している姿勢に戻しました。すると、受けが攻めようと前に進むと、自らバランスを崩して転んでしまいました。その武術家には氣が見えるのですが、「帯を巻く辺りで氣が激しく回っていて、台風のように広がっているので、そこに入ると体が流されてしまいます」とのことでした。これは氣が体に充填されて一杯になり、さらに溢れ出しているようです。

「この何もしないで立たれると一番強烈です。これで転がされると頭の中がくるくる回ってしまい、しばらく立ち上がれなくなります」とのことでした。立ち上がれなくなるのは、まったく力が抜けてしまうからです。

氣というのは上がりやすいから、それを下ろすことが大切だと多くの方たちが言われており、氣はそんな性質のものと私も思っていました。実際、氣が上がっている人は、下半身に氣がないように見えます。そこでマノスベの立ち方をしてもらいます。すると、体全体に氣が満ちているように見えます。私にはそれ以上のことは見えません。しかし、このように氣が満ちるのであれば、氣は下ろすのではなく、満ちさせるというのが正しいのだと思います。水は器に注ぐと下から満ちてきますが、氣は大切な頭（かしら）がある上（かみ）から満ちてきます。つまり、体に氣が満ちていなければ、魂合氣の術は効かないのです。

「浮力を持った手」というのは、氣が腕にも満ちて浮力が生じるのでしょう。ほんの少し氣を前に出したときに「隙だらけになります」と言われましたが、この瞬間に、氣は上半身だけになるようです。これは、カムウツシ・アマウツシが減少するからでしょう。

氣を一杯に保つには、静かに統一して息を仙骨に入れ、氣を前方に出さないことです。足先に体重をかけてもいけません。こうしたときに、オホとの共振波動の受発信がチューニング（周波数が同調）されます。魂合氣では体幹を動かさずに手足を動かします。体幹を揺らさないことがポイントです。手も無駄に動かしません。無駄な動きをすると腕に満ちていた氣は一瞬で消えるのです。

ちなみに**『合気神随　合気道開祖・植芝盛平語録』（植芝吉祥丸監修、八幡書店）**では、次のように解説がなされています。

「合氣道においては、こちらから攻めるということは絶対にない。」（略）「相手が己の無謀なる暴力のゆえに自らを抑制することができず、自ら空転して倒れるよう、氣・心・体の妙用をもって導くだけの話である。」（158頁）。

合氣は護身術ですから、こちらから攻めるということは絶対にありません。相手より強くなろうと思って取り組まないことです。強ければ護身術とは言わないでしょう。護身術のあり方は、弱い者が強い者を転がせることです。

それが成り立つのは、心安（うらやす）さの中で無心になることです。これは、自然さ（マノスベ）から生まれる、私たちを生かしてくれるオホとの共振です。人に負けないようにと取り組むのは戦いの道であって、サヌキ型の氣持ち、自力の道です。武道もスポーツも戦いから生まれた自力です。これはマノスベに反した不自然なことです。自然なこととは、丁寧な仕事をするときの動きです。手はセンサーとして働き、肩から腕が動くことになります。そこで昔は、腕の良い職人とか、腕が立つとかいい、それができないと小手先の仕事といいました。

垂直の氣と渦巻きの氣

物質や生命の実質（体を作り上げている最小単位の粒子）は、イカツミ・マクミ・カラミという三要素で、これをミツゴといいます。イカツミとは電氣で、サヌキ（陰電子）とアワ（陽電子）のチカラを持ったツミ（粒子）のこと。マクミはイカツミが直線に走るときにそれを取り巻くように生じるミのこと。カラミは、カムの力を秘めたミ、そして体になるミのことです。

氣もこの三要素からできていて、イカツミが主となる直線の氣と、マクミが主となる渦の氣があります。どちらもカラミを持っています。

右ねじの法則を習ったと思いますが、電流が進む方向に右ねじを回すように、右回りの磁氣が、その周りを取り巻くという原理です。氣もこれと相似ていますあいに。

戦う氣持ちが強いときには、直線のイカツミ系の氣が、真っ直ぐに相手に向かって発せられます。昔の武士が、離れた位置からでも殺氣を感じたという話はこれです。「相手に指差すのは失礼です」といわれますが、指を向けられると痛みを感じるからです。

ちなみに、氣持ちを相手に向けても、氣は真っ直ぐに伸びます。この直線のイカツミ系の氣には、相手を攻める氣持ち、相手をこうしたいといったサヌキ性の氣が乗るので、それを感じ取った受けの細胞の心には不安感や警戒心が生じます。そこで、氣を前に出さずに後方に置くことが大切になります。それには、息を腹に収める腹式呼吸ではなく、仙骨に収める仙骨呼吸を行うことで、氣を後ろに置くことができます。

マノスベの姿勢ができると、背骨ラインに沿って密度の濃い氣の流れが垂直にできます。すると、しっかりとした姿勢ができます。正中線ができるとはこのことです。

正中線を取り巻くように、水平の氣の渦が、体の外部に大きく広がります。この渦の氣はマクミ系で、アワ性が多くなります。この氣は心地良いため、この渦によってムスビができます。取りはこの氣を密にするほど、術が効くようになります。そこで、いかにして穏やかな氣持ちになれるかが重要になってきます。

この渦は、男性の場合サヌキ性の氣を多く受け継ぐため右旋転になり、女性の場合は、アワ性の氣を多く受け継ぐために左旋転の渦になります。

掌から出る左回りと右回りの氣

掌を下に向けると垂直の氣が出ます。同時にそれを取り巻く氣の渦ができます。右掌からは右回りの渦が出て、左掌からは左回りの渦が出ます。これは男女とも同じです。これを試してみましょう。

体の前で、掌を下に向けて両手で円を描きます。右手は右回り、左手は左回りにゆっくりと動かします（外回りとします）。こう回すと、手の動きと渦の動きが同方向になりますから、心地良く動かせます。次は反対に、右手は左回り、左手は右回りに円を描いてみましょう（内回りとします）。こうすると、渦の動きと手の動きは逆になるので、動きづらく胸がつまる感じがします。

今度は掌を上に向けて同じ動きをしてみましょう。前とは逆に、外回りの方が重く感じるでしょう。

では、右掌を下に向けて、左掌を上に向けてみましょう。すると掌の渦が、同方向に揃った訳です。ここから両手を右回りに回したときと左方向に回したときの、動きやすさの違いを感受してみましょう。

力を使わずに受けを動かす

魂合氣は力を使いませんが、従来の癖で力が少しでも入ると、業が効かなくなります。そのような癖をとって、舞のように動きます。手先（掴まれた箇所）から動かそうとする癖もなくします。足は股関節の動きを切っ掛けに動きますが、腕も肩関節の動きを切っ掛けにして動くと、自然な動きになります。そこで、この根元（肩）から動くことを稽古しましょう。

受けに腕を掴ませたときに、手先から動かさずに、まずは肩から動き、その流れに乗って肩から先の方へと移り、最後に手先が動くことが自然にできるようにします。もちろんマノスベの姿勢で立ち、完全脱力していることが基本です。現代人が正しいと思っている前傾姿勢のままでは、力みがあり氣の流れも僅かですから術は効きません。
魂合氣では、腕が柔らかいことが一番のポイントになります。腕が柔らかければ、受けに腕を掴まれてもその腕を動かせば、力ではなく受けを動かせるのはもちろん、受けが腕を掴んだときに受けの肩は上がってしまいます。

マノスベの姿勢で立って腕をだらりと下げ、掌を正面に向けます（小指が腿の側面に触れる）。両手をゆっくりと横から上方に開いていき、脇の下を45度ほど開きます。ゆっくり開いていくことで、踵に体重が移動していきます。次に、胸の前でバスケットボールを両手で挟んで持つように、両腕を少し斜め上方向に閉じていき、前腕が水平になるようにします。
このような姿勢で受けに対しますが、このときに鼠径部が緩んでいることが大切です。その理由は、腕の力みが取れて、柔らかくなるからです。また、脇の下を開いていることで、腕が肩から動かせるようになります。

この腕を受けが掴むと受けは浮き上がりますから、接触面を感じてゆっくりと動かします。

このときに左腕を主導で動かすようにして右腕は従って動くことで、力を使わずに受けを動かすことができるようになります。

ちなみに、受けが腕をぎゅっと握ってきた場合に、思わず指先が丸まってしまう方も多いようです。指が丸まると腕は固くなります。かといって、掌を張っても腕は固くなります。掌は自然に丸まる程度にして、手首からだらりと下げて小指に意識を通しておけば、強く掴まれたとしても、指先は丸まりません。これらのことが、自然にできるように稽古してください。

まずは肩関節が先に動いてから腕が動くこと。これの具体的な使い方を知っておきましょう。

浮力を持った手で、脇の下は開けて、両手を胸の高さくらいに上げます。受けに両腕を掴ませた後の動き方を記します。

a．肩を下げ、その流れに乗って両腕を下げます。

b．肩を上げ、その流れに乗って両腕を上げます。

c．左肩を外回り方向に動かしてから、その流れに乗って両腕を左方向に動かします。

浮力を持った手を上げておきます。その片腕を掴ませたときの動きです。

a．肩を外方向に開いて、その流れに沿って腕を開きます。

b．肩を内方向に閉じて、その流れに沿って腕を閉じます。

このように、肩を動かしてから腕を動かしますが、腕が柔らかければ、大抵は肩を動かした時点で、受けの肩も共鳴して動いてしまいますから、その後の腕の動きは、ほんの僅かで良いのです。

こうして、体の動きを少なくしていくと、意識で受けを動かしているかのようになります。

そこで、意識で動かす一例を紹介します。

浮力を持った手で、両腕を上げておきます。脇は大きく開いておきます。受けが両腕を掴みます。

a．受けの両肘が糸で上から吊られていて、その紐を吊り上げるようにイメージします。すると、受けの腕は上がります。

b．受けの両肘に糸がつないであって、その糸を横に引くようにイメージすると、受けは横に動きます。

c．また、両肘につないだ糸を下に引くようにイメージすると、受けは下に崩れます。

イメージですから、これの変化や応用は、いくらでも発見できます。

正座で試す

正座で向き合って座り、お互いに左手を差し出し、人差し指を合わせます（正座ができなければ、あぐらでも構いません）。

取りは、浮力を持った手を作ってから差し出します。指先を合わせたら、しっかりと指先を感じます。しっかり感じたら、まずは肩関節を動かすことを切っ掛けにして、指を右方向に動かします。指先はセンサーですから感じるだけ、動かすのは肩関節です。このときに脇の下を閉めないようにします。

この肩関節の動かし方の練習が、腕を左右に回すスワイショウ（99頁）なのです。この動きに慣れれば、肩を力まずに動かすことができるようになります。

イハスヒメ

温泉に入り、お酒を飲み、トロンとして力が入らない状態を脱力といいます。しかし、脱力しただけでは、魂合氣はできません。魂合氣は筋力とは異なる力を使って、受けを動かしています。この力はなんだろうと思っていましたが、カタカムナの中にイハスヒメという言葉がありました。このイハスヒメの力を使っていると考えると腑に落ちます。

この力とは、例えば、「ユウイ、ルウオ、フウア、ヌウイ」と言魂を唱えてから、寝ている人を起こすときに、上手くいったときには、受けが自分で飛び起きたかのようになります。起こす方は、その切っ掛けを与えただけ。起こす方も、起きる方も筋力を使っていません。

魂合氣も同様です。「天女の羽衣の舞」と例えていますが、そんな動きでまったく筋力を使わないで動いているとき、あたかも、受けは自分から転んでくれるようです。このような力がイハスヒメです。

イハスヒメの言葉の意味は、現象物質の最小単位である電氣粒子イ（イカツ）の正反が（イハ）であり、その正反性が進行（ス）する実際の力を秘めていることをいいます。正反性が進行するとは、新陳代謝が盛んになって、イマタチ（現在の質）が良くなることです。

ここでいう新陳代謝とは、ソギタチ、ソコギタチの繰り返しといっても良いでしょう。ソギとは発生すること、ソコとは空っぽになることと考えてください。つまり体は、目には見えない潜象単位の大きさの粒子が密集して現象化します（ソギ）。完成したモノはコト（ヒフミヨイムナヤコトのコトの過程）で拡散し潜象に還元します（ソコ）。これの繰り返しが超光速（アマハヤミ）で行われていることで、今の瞬間があるのです。これを実行しているのがアマナです。

ソギタチでマリは求心的に濃縮し、凝集してアマナの力となります。アマナの働きによって、超光速で潜象（カム）から現象（アマ）へ変遷して、それぞれの形が現れます（カムミムスビといいます。光で例えるならば粒子の状態）。

凝縮していたマリは、膨張し、流動し、拡大する遠心的な力となり、現象から潜象へと還元します（タカミムスビといいます。光で例えるならば波の状態）。

あらゆる現象物は、アマとカムのフトマニの繰り返し（トコタチ）によって、超微粒子アメが変遷して現象化します。そのトコタチのチカラが現象においてはソコ・ソギ（膨張・収縮）の正反に働く性質として受け継がれます。

超光速で何億回もソコ・ソギが繰り返されることで、生命が次々と変遷し、活動がいとなまれます。

ソコ・ソギの繰り返しが盛んであることはエネルギーが満ちていることであり、それを盛んにする氣質をアワ型といいます。アワ型であれば、カムウツシ量が多くなります。そこで、カムウツシ量のことをアワ量ともいいます。アワ量には、緊張を消すサカ(逆)の力があります。

昼間動きすぎて疲労困憊してしまった筋肉も夜眠れば回復するのは、緊張を緩めて血液の循環を良くして筋肉細胞を養う力があるからで、アワ量が少なければ、サカが少なく、緊張を消す力を生み出すことが追いつかなくなります。すると、ぐっすりと眠って起きたら、朝、肩が動かない、腰が痛い、あちこちが痛いということにもなります。

アワ量が多ければ、柔らかいままで固まらないし、不具合は起きないのでしょう。老人の筋肉痛、肩腰手足の痛みなどマトモな動きができなくなるのも、アワ量が追いつかないためですから、そこで、針灸や整体に通って緩めて整えてもらうことになります。

アワ型というのは女性らしさです。魂合氣では「天女の羽衣の舞」と例えていますが、動きでいえば、競い争う動きではなく、丁寧で柔らかな動きになります。力を入れないように心がけて柔和な心で受けと対向すると、得も言われぬ心地良さを両者が感じます。

イハスヒメの力は、渦を巻く氣（マクミの氣）となって体外に広がっていますから、受けの細胞にも受け入れられます。すると受けは、攻撃する力が削がれたり、腰や膝が抜けたりするのです。

イハスヒメとは、女性とアワ性を連想する素敵な言葉と思っていましたら、イハスヒメには、「一人前の女性」という意味もありました。アワ量から生じるイハスヒメは、サヌキ性である筋力とは対極ですから、力みを抜くほどイハスヒメの力が高まることになります。

ちなみに、カタカムナの時代は、現代のように言葉が定着しているわけでなく、感覚で使われていましたから、同じような意味に別の言葉が使われたりします。ここが難しいと思われる理由でしょうが、イハスヒメとフトマニは同じ感じがします。

フトとは、（イカツ）の正反の（イハ）、サヌキとアワのこと。この正反が親和重合することで生命が発生します。これを対向発生ともいいますが、女と男、親と子、人と花、人と犬、人と月、人と星などと、親しい心で接することでフトが盛んになります。

マニとは、新しい生命が発生すること。言い方を換えれば、サヌキ・アワのフトによって正反性の力が進行し、生命力が発生し、イマタチが良くなるという原理を説いたものです。ハハキワケという言葉があります。これは氣の合う異性と身近に接することで、効率よくイハの電氣を発生し、生命活動（イハスヒメ）を増す、天与の健康法です。このハハキワケという言葉も素敵と思います。母の氣を分けるとも感じられます。このような氣が出るには、競う心、戦う心をなくして、女性らしい氣質、アワ型を心がけてアワ量を増やすことなのです。

カムナビは人生のナビゲーション

知らない土地を車で走るときに、カーナビゲーションはとても重宝します。

実は我々にも、先の分からない人生を導いてくれる「カム」の力があります。これを、戯れにカムナビゲーション（カムナビ）と私は言っています。

回遊魚が大海原に門出し、太平洋を一周して帰ってこられるのは、帰巣本能などという曖味なことではなく、一瞬一瞬、カムからの示唆をキャッチして、それに素直に無意識に従っているから、方向や時期を間違えずに帰ってこられるのです。これがカムナビです。このようなカムからの示唆は、全ての生き物に発信されています。

人の場合も、人生を楽しく全うできるようにと、一人一人に一瞬一瞬、カムから示唆があり、素直にキャッチできる能力を本来は持っています。しかし、それを妨げるのが頭の働き（サヌキ性）なのです。そこで、その働きを抑えようとする者は、無心、空、無念無想などの状態を求めるのです。

マノスベの姿勢で、オホの共振波動を受発信できる状態になれば、身心の統一状態は生まれます。このようにして、アワ性（感受性）を高めると、自然で楽しく生きられる方向に舵取りができ、様々な良いご縁も生じてきます。カムからの示唆といった体験は、ニュアンスは違っても、誰にでも思い当たる節はあるかと思います。

人生をたくましく生きるには、アワ性とサヌキ性のどちらの保有量も増すことが大切ですが、現代のサヌキ性社会においては、アワ性を増すことが先決になります。アワ性が弱いと、サヌキ性という脳の働きを大切にしてしまうので、何かを決める際には念入りに考えることを優先します。日常的なことはこれで良いと思います。けれども、人生の岐路に立ったときには、カムナビが強く教えてくれることが分かります。せっかくカムナビを感受しているのに、待てよ、と考えて決断を変えたり遅らせたりしてしまうと、時機を逸してしまうことにもなります。

誰にでも、アワ性の強いときとサヌキ性の強いときがありますが、それに氣づくことも大切です。サヌキ性を強く出し、我を押し通して舵取りを誤ると、「あのときこうしていたら良かった」といった失敗で悔やむことにもなります。

何かを決めるときに、それが感受性に従ったのか、あるいはサヌキ性（自尊心、欲望、自我を満足させる動機、失敗したくないという恐れ）によって決めたのかで全く違ってきます。そこで、日頃から欲に溺れない、腹を立てないこと、ストレスを溜めないことが大切になります。

思いを押し通そうとしてムキになるのもサヌキ性です。どうしようかと迷っていると、思いは頭の中で回っているだけで、そのうちに色々な要因で消えてしまいます。それは、それだけのことだったのかもしれません。「考える」の元は「カムカエル」であって、カムにカへり（帰り）、カムからカエル（発生する）ということです。考えることは、カムが根本にあることが大本であり、それは人間脳ではなく、生物脳に基づく感受性に沿って考えること、つまりマノスベから本来の働きが生まれるのです。

▼カタカムナの言葉

モコロ

モロモロのココロ（微粒子、マリの密度の高い集団のこと）で成り立ったもの、物資、生命質の最下限単位。その素量は、イカツミ、マクミ、カラミ。

ミノシロ

ココロがアマナの宿る場所に変換したもの。ココロの中心部にアマナ（アメが潜態のまま凝縮して濃密になったもの）が核的存在として、その粒子の結合力になっています。

ココロウケハシ

ココロを受け入れる橋、すなわちアマナのこと。ココロは心に通ずる微粒子。アマココロのこと。つまり、人の心の本来はアマココロなのです。

花粉症が受け入れる氣持ちで治った

春という一年で最も美しい季節を、花粉症ゆえに嫌いな人も多いようです。

けれども、花粉とも親しくむすぶことで、まさに劇的に花粉症が消えます。しかも再発することがありません。

治った人が「私の今までのひどい症状を知っている人から、いったいどうしたのと聞かれます。いきさつを話すと、そんな馬鹿なことを言って、と本氣にしません。しかし、すぐに実行して治った人もいて、私たちは素直なのねと言って、手を取り合って喜びました」と話してくれました。この素直さこそが一番の素質です。

お知らせした年に、十人の方から治ったとの報告をいただきました。

花粉症には、杉、檜（ひのき）、梅と様々あります。ここでは杉を例にとりますが、どの場合でも同じです。

杉に対して敵視する、恐れる、嫌悪（けんお）する氣持ちをなくします。素晴らしいと思い、いとおしみ、仲良くします。素直な氣持ちで杉を受け入れれば、その時点で症状が消えます。つまりアワ性の心です。

花粉にも心（アマココロ）があります。受粉という働きのために、強い命と心を持っています。そして、花粉は付着したときに、そこの雰囲氣を感じるのです。自分を受け入れる優しい雰囲氣を感じれば、花粉は悪さをせずに落ち着きます。敵対反応も防御反応も起こしません。

かつて、杉は戦時中に国家方針で盛んに植林されましたが、時代の変遷でその用途は激減し、今や大切に思われなくなりました。結局、人間の身勝手さによるものですが、これからは杉も檜も、他の木や花同様に、優しく受け入れてあげましょう。

「ヨロズイハツナ　ココロツテ」というカタカムナの言葉は、全ての植物にも心を伝えて、その身になって考えること。また「ヨロズコトナリ　ササヘアヒ」という言葉もあります。これは、全ての異なる存在が互いに支え合いながら、森羅万象が成り立っているということです。

▼カタカムナの言葉

ソコチクネ

肉体は、刻々と細胞の一部が崩壊し、一方で新生しながら、成人し老化していきます。心も刻々変転していますが、それでも私という存在は常に保たれています。

これをソコチクネといいます。

武産合氣（たけむすあいき）と魂合氣（たまあいき）

魂合氣は、マノスベの本質を身に付けることです。これがなかなかできないのは、スポーツで習い覚えた戦いの氣持ちや動きが身に付いてしまったことにあります。こう考えたときに「武産合氣」の言葉を思い出しました。武(強さ)が産まれる合氣という意味ですが、「強さが産まれる」にはどうすればよいのでしょう。

『植芝盛平先生口述　武産合氣』(高橋英雄編著、白光真宏会出版局)にはこうあります。

「(略)今まで習っていたところの技は、全部忘れてしまいました。」(24頁)。

このように、きっぱりと忘れることができるのは、植芝先生ならではのことです。普通、私たちは余程の決心をしなければ到底変えられません。それには、己に対して武(強い心)を振るわなければなりません。これによって強さが生まれます。この強さは、敵に対して力で当たるものではありません。自分自身にも人にも優しく、丁寧な氣持ちで当たることによって生まれる合氣本来の術の強さなのです。

「真の武道には敵はありません。真の武道とは愛の働きであります。殺す争うことではなく、すべてを生かし育てる、生成化育の働きであります。」(69頁)。

生成化育の働きとは、正に、オホから与えられた生命力の賦活（ふかつ）です。

「私は人間を相手にしていないのです。では誰を相手にしているのか、強いていえば神様を相手にしているのです。」（74頁）。

ミを入れて、マノスベで行うこと。オホの振動波形を受発信できることが「神様を相手にする」ことです。

「今迄は魄（はく）（肉体的）物質の世界でありましたが、これから魂（こん）（精神的）と魄とが一つにならなければなりません。物質と精神との世界に長短があってはなりません。」（76頁）。

上古代の日本は、アワ性とサヌキ性の調和したフトマニ文化で、魄と魂が調和していました。現代は魄（サヌキ性）に片寄った社会ですから、魂（アワ性）を養うことが必要になります。魂合氣（たまあいき）は名に示すように魂、すなわち精神的な術です。

力は使わず、心を使うことについて、武産合氣にはこう記されています。

「合氣道は相手が向かわない前に、こちらでその心を自己の自由にする。自己の中に吸収してしまう。つまり精神の引力の働きが進むのです。」（83頁）。

精神力という言葉から「修行」という考えに縛られてはなりません。自分を高めるのではなく、自然さを身に付けることです。自分を生み出している体（細胞）を大切にして、自我（じが）や欲心を出さず、穏やかな氣持ちでカムウツシ・アマウツシを豊富にすることです。

「ただ神様のみ心におまかせして、自分は島生み神生みの神の法則によって、技を生み出しているのである。であるから、その技はすべてみそぎである。」（57頁）。

「島生み神生みの法則」とは、記紀にあるイザナギの神、イザナミの神のお話です。イザナギが左手よりイザナミが右手より、天の御柱（アメヒトツハシラ）を巡ってまぐあう話があります。つまり左回りのマリと右回りのマリを抽象した話であり、全てを生み出す根本がこのフトマニです。

「みそぎ」というと、罪穢（つみけがれ）を川や海で洗い清めることと考えますが、これは仏教の修行方法の影響です。カタカムナでは、カムミを豊富に自分のミに吸着させること。カムウツシ・アマウツシを豊富にすることがミソギでした。「技は全てみそぎである」というのは、「カムミが豊富なことによって技が効く」と同意義になります。

「神様を神社やほこらという小さな中に入れてしまっては、神様は窮屈（きゅうくつ）じゃといってよろこびません。この宇宙全体が神の姿であります。木で造ったお社の中ではなく、八百万（やおよろず）の神様に人間の生き宮に入ってもらうのです。」（74頁）。

カムの働きを、後に神といったのでしょう。カムの大きな力であるカムミは、限なく満ち溢れています。つまり、神様は天とか神社にだけにおられる訳ではなく、八百万（やおよろず）（無限数）の神様が限なく満ちているのです。それを考えれば、嬉しい心で自身や周囲を変えていくことができます。

ちょうど、カタカムナにはイヤシロチバという言葉があります。神社はイヤシロ地（清々しくカムミの豊富な土地）にありますが、人もイヤシロチバに整えること。これが神の生き宮になることです。

ところが、脳を働かせてばかりの現代人では、イヤシロチバにはなり難いのです。感受性を高め、マノスベを知ることが稽古の目的になります。

自我のことをカタカムナではクマリといいます。区切りのあるものという意味です。個々が独立したことで、自分を生かそうという思いと共に自我が生まれました。その区切りをなくすことがアマココロに適うことです。

人間脳を働かせて、こだわりを引きずったまま生きるのではなく、切り替える術（すべ）を上手にして、張り合う氣持ちを捨て、力を抜いて安らいで生きる術を獲得しましょう。

言魂のウ声について、興味深いことを見つけました。

「一元の（ス）は成長してウ声と充（みた）し、ウ声は遂にみたまを両分して、物のもとと、霊のもとが生まれた。」（116頁）。

なんとウ音から全てが生まれたと記載がありました。父音と母音の組み合わせから生まれる子音に、ウ声が入る意義を再認識できました。「言魂の妙用」で心身の状態がマノスベに変化することも納得できます。さらに、次のようにあります。

「私は「う」のみ働きを力説したい。」（109頁）。

自ずと幸せになれる

あるとき、画家の西澤初美さんから、次のようなお手紙をいただきました。
西澤さんは大円鏡智（だいえんきょうち）に映された世界、生命礼賛（せいめいらいさん）をテーマに絵を描かれていますが、そのことから察せられるように感受性に優れた方です。

「言葉では上手くお伝えできないのですが、講座の時に、先生の浮力やアマウツシの状態に触れることも、とても素晴らしい体験になりますが、自己の日常でそれを心がけて再現できるのはやはり魂合氣が本物であることと、術の再現は結果で、何よりも素晴らしいのは「姿

勢が整う」と、心が柔らかく脳が軽くなり、ニコニコと幸せになることを発見しました。勝手にそうなってしまうのですね。

ニコニコの和した状態、柔らかな綿のような心地良さに驚きです。

そして背骨に明るい力が宿り、自分と周囲が丸く柔らかな空氣になります。

そうなれたときに術が効くのが楽しくて嬉しいです。

機嫌が悪くても、姿勢が整うと、溶けていってしまうのです。人間智では、「これって、怒っていなくてもいいのかな?」とおかしな氣持ちになります。このときは、カムミが我に入って、マノスベの状態が起きているのでは、と思います。何故ならその時の私は理屈抜きに幸せなのです。

そうして、その小さな幸せを何度も何度も大事にして喜んでいると、日常の氣配が静かに変化していく様子に氣づいたのです(頭や心が騒げば霧のように消えてしまいます)。固まった現実は無いのだとその小さな氣配は教えてくれたのだと思っております。

「うれしいなうれしいな」の状態のときに、頭も心も柔らかくなって、人の思いも感受できます。

肉体を纏(まと)った命という存在にカムウツシされてマノスベに整い、豊かで明るくなると、現象が変わってくることを体験させてくださり、本当にありがとうございます。

それは巷(ちまた)で騒がれるようなセンセーショナルな特別な、いかにも超能力者という風なことではなく、日常の大切な刻々を本質的に豊かで明るく本来のありよう（状態）に導く内容と感じております。

私という者を体験している命の声を魂合氣とカタカムナを通して聴くことが具現化できて、実際に体感させていただけることに心から感謝申し上げます。

道場での現象のみならず、日々を生きる根源を正すこと。それが可能な魂の合氣とカタカムナが日本に残されていたことに、カムナビの力を思います。

私は数年前に「にほんという言葉の持つ響きに、共鳴し同調する周波数を持たなければ、日本人とは言えない」という言葉を繰りかえし感受しましたが、誰に聞いても答えが得られずに途方に暮れておりました。

徒に日本を讃える自己満足ではなく何故日本なのか、何が優れていて何を次の世代に伝えるのか、ずっと求めていた答えが姿を現し始めてくれました。」

日本は、古今東西のいずれのものともあらゆる面で異なっていました。西洋人や東洋人には、分からない根源的な違いがあるのですが、最近の日本人には、その違いを感受できない人たちが増えてしまいました。つまり、外国文化に真理があると信じている人たちが増えてしまったことで、本来の日本文化の本質が失われるという危機的状態にあります。

「日本文化は遅れていたので、様々な文化は外国から学んで発展しました」というような歴史教育の偽りを因とする意識がそうさせるのでしょう。しかし、外国の物質文化とは根底から異なっていた日本の精神文化に誇りを持ち、日本の国の良さを取り戻していただきたいのです。

システムとしてあるカムウツシ・アマウツシの共振波動

先のお手紙から数か月後、西澤さんから再びお便りをいただきました。この体験記は本書でお伝えしたいことを総括していただいたように思いました。

「毎朝、いろはとヒフミを奏上させていただいておりますが、ある朝、踵重心の姿勢で立ち、腰、背中を下げて、仙骨に氣持ちをゆだねて奏上しました。このとき、足先は自ずと浮いてきましたら声が変わり意識がゆったりと深くなりました。そのまま続いて何度も奏上しましたら、体はカムウツシ、カムミを受ける受信機と知ってしまったのです。分かってしまうという感覚です。体の外の微細な周波数が、粒々の状態で存在し、その波の中からより明るい生命力のようなもの？を体に受け取るのが可能になります。受信し、体の中で増幅し、発信もできるのです。

重心と姿勢を整えて言魂を発声することで、システムとして体にカムウツシ・アマウツシが起こり、カムミカカマク状態になるようです。」

「生命力のようなもの？」そう、正にカムウツシ・アマウツは生命力そのものです。その生命力のウツシが途切れれば、生きていることはできません。

カムウツシ・アマウツシはオホの共振波動によって与えられるもので、体と心から発する波動が「マノスベ」に適（かな）った分しか受けられません。

カタカムナのマノスベのメソッドは、外国の高名な方々が作り上げた、いかなるメソッドよりも優れています。なぜならば、人が作り上げたものではなく、カム・アマから私たちに与えられた、完成されたものだからです。それは、氣が半分だけでなく全身に満ち溢れることで分かります。マノスベであるからこそ満ちるのです。カム・アマは、人為的、意志的なものではありません。

アマココロに相似した自然さ、穏やかさであれば、カムウツシ・アマウツシの量が増え、カムも満ちます。天佑の発音は、イノチのヌシ、オホと響き合う共振波動を発し、心と体を整える手助けをしてくれます。

天佑の発音で、イロハとヒフミを奏上されたときに、「システムとして体にカムウツシ・アマウツシが起こり、カムミカカマク状態になる」ことを西澤さんは感受され、その体験記をいただきました。実際にカムミが体にカカマクと、氣が全身にみなぎり、さらには外へ溢れ出ます。

氣とは、カムミの働きの一つとして現れたものです。カタカムナの言葉に、カムミを放出する掌という意味で「カムミタハチル・タナココロ」という言葉がありますが、正に氣と同じです。

仙骨で呼吸して意識が統一できると、体からの受発信が増幅されます。この雑念の生じない統一感は、半眼（はんがん）や目を瞑（つむ）らなくても立ち姿勢ででき、それによって様々な働きが生まれてきます。

「声が変わり意識がゆったりと深くなりました」とありますが、これもその一つです。心身が完全にくつろいだときは、声もお腹から響きます。苦しかった高音も低音も、仙骨呼吸で楽に発声できるようになります。すべては、アマウツシ・カムウツシの量が増えたことによるのです。「カムの仕事、カムの業」というマノスベの意味は、このときに生じる様々な体験から生まれた言葉なのでしょう。

魂合氣術では、くつろいだ状態で、攻撃も含めた受けの全てを受け入れるといった氣持ちが極意です。これによって神業が生まれます。

なぜ受け入れることができるのか、それは、オホの働き、細胞の働きを心から信頼することで細胞は働きを十分に発揮してくれると分かったからです。その働きの一つが受けの細胞との共鳴です。共鳴によって受けの攻撃は崩れてしまうので、争うことなく受けを導き解決できるのです。

オホや細胞の働きに心から信頼を寄せ感謝することで、免疫力、自然治癒力といった根源的なトワ・チカの生命力もまた十分に発揮されます。

おわりに

数年前に「カタカムナと魂合氣の講座をしていただけませんか」という依頼をいただいたことが、魂合氣をより深く究明する足がかりになりました。このご縁に感謝しております。

これによってマノスベの大切さや、自然らしさとは何かということも知りました。姿勢、体の動かし方、歩き方、呼吸、心のあり方、これらをマノスベで追求していくと、現代の常識になっているもののほとんどが、競いと争いから生まれた文化であり、マノスベではないことが分かりました。

カタカムナ文化と五輪書が日本にあったことの有り難さを、つくづくと感じます。五輪書に書かれた姿勢や心のあり方から、マノスベの実際を学べました。マノスベであれば、アワ量が増す。アワ量が増すことで、筋力とは異なるイハスヒメの力が生まれる。これらは様々なことで実証できます。そして、イハスヒメの力は心の文化につながります。

このような、心の文化の本質を多くの方々に習得していただきたいという願いで、本書を記しました。教本を目的に記しましたので、難しく感じると思います。理解していただくには、折に触れて読み返し、それを体で学んでいただかなくてはなりませんが、必ず変化が感じられます。その意味では、満足できるものになったと思います。

有り難いことに、この本に沿ったＤＶＤも制作していただけることになりました。本とＤＶＤとの二つの教材があれば、魂合氣をマスターしていただけるものと確信しております。

魂合氣の目的は、自己のさらなる成長にあります。その方向が人との競いや争いではないことは、北極星が指針として厳然と輝いているごとくに、日本古来の文化は輝いています。この方向こそがアマココロに適う本物であると感受しております。

魂合氣は護身術のレベルから、マノスベの獲得へと目的が高まりました。命を大切にするアワ性は、日本人に無意識ながらも受け継がれてきた伝統の性質でした。これを根本にした文化は外国からは学べないことであり、人智を超えた法則性をもった日本語があることにも幸せを感じます。

マノスベのあり方を探求し、カムウツシ・アマウツシを豊富にし、オホから与えられたトワ・チカの生命力によって健康に生きることを目指しましょう。マクミの氣が溢れる中での魂合氣の稽古は、勝ち負けの次元を超えて「投げられて笑うしかない」といった心ワクワクの術になります。戦いの姿勢であれば、氣は半分にしか満ちません。けれども氣が満ちる姿勢であれば、争う氣が起こりません。多くの方にマノスベを身に付けていただければ、今よりもはるかに優しい環境になります。

この先、日本古来の本物の文化を理解していただける人が増えていったときに、どのような不思議が現れるでしょうか。このような深淵な文化と、天佑の言魂を持った日本が存在することに、心から感動し嬉しく思います。

魂合氣研究会　大野朝行

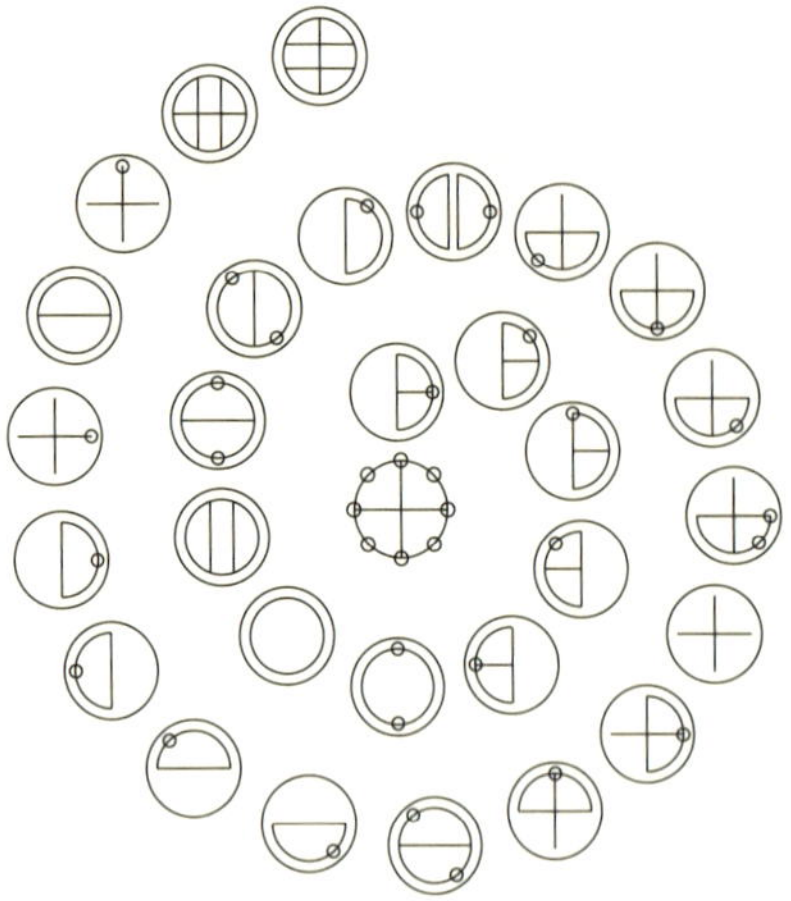

楢崎皐月氏が筆写したカタカムナ文献の原本に記されていたとされる記号

▼カタカムナ用語目次

本文イラスト●おかもとみどり
本文デザイン●澤川美代子
装丁イラスト●渡辺千春
装丁デザイン●梅村昇史

「カタカムナ」で解く 魂の合氣術
運動力学を超えた“奇跡の現象”

2017年11月25日　初版第1刷発行
2018年 4 月10日　初版第3刷発行

著　者　　大野朝行
発行者　　東口敏郎
発行所　　株式会社 BAB ジャパン
〒151-0073 東京都渋谷区笹塚 1-30-11　4・5F
TEL　03-3469-0135　FAX　03-3469-0162
URL　http://www.bab.co.jp/
E-mail　shop@bab.co.jp
郵便振替 00140-7-116767
印刷・製本　　中央精版印刷株式会社

ISBN978-4-8142-0095-5 C2075